Andreas Rieck

Nimm's leicht!

Andreas Rieck

Nimm's leicht!

In 3 Schritten zu mehr Gelassenheit

camino.

1. Auflage 2018
Ein camıno.-Buch aus der
© Verlag Katholisches Bibelwerk GmbH, Stuttgart, 2018
Alle Rechte vorbehalten

Für die Texte der Einheitsübersetzung der Heiligen Schrift,
vollständig durchgesehene und überarbeitete Ausgabe
© 2016 Katholische Bibelanstalt GmbH, Stuttgart
Alle Rechte vorbehalten

Umschlaggestaltung: Franziska Barczyk, Toronto/New York
Gestaltung und Satz: wunderlichundweigand, Schwäbisch Hall
Druck und Bindung: Finidr s.r.o., Český Těšín, Tschechische Republik

www.caminobuch.de

ISBN 978-3-96157-021-8

Auch als E-Book erhältlich unter
ISBN 978-3-96157-988-4

Inhalt

Nimm's leicht! – Zum Einstieg 7

Im Strategiequartier
Was stört mich im Moment? 14
Welchen Wolf in mir füttere ich? 31
In drei Schritten zu mehr Gelassenheit 35
Rettungsanker im Alltag 49

Learning by living
Die 20 Bewerbungen 60
Das ungespülte Geschirr 63
Die globale Umweltverschmutzung 67
Herumliegende Kleidungsstücke 73
   Exkurs: Das innere Team 79
Wohin mit der Wut? 97
   Exkurs: Gut mit Wut 106

Mitgefühl statt Mitleid **109**

Exkurs: Veränderungsschwierigkeiten **116**

Wie Sie höflich Nein sagen können **126**

Humor hilft! **128**

Exkurs: Ich bin dankbar für… **134**

Das Kreuz mit der Schwiegermutter **138**

Die schwierige Kollegin **145**

Die Chemotherapie **155**

Er macht seine Hausaufgaben nicht! **158**

Selbstläufer

Zu guter Letzt – es wirkt! **170**

Quellen **174**

Dank **175**

Zum Autor **176**

Nimm's leicht! – Zum Einstieg

Ich erinnere mich an eine Seminarsituation mit Mitarbeiterinnen der Verwaltung. Ich stelle die Frage in den Raum: „Worüber ärgern Sie sich?". Eine Teilnehmerin meldet sich zu Wort und erzählt, sichtlich verärgert: „Ich ärgere mich immer noch über eine Situation beim Sommerfest, als ich zusammen mit einem neuen und jungen Kollegen Brötchen mit Butter beschmiere. Da sagt der zu mir, ich soll weniger Butter nehmen. Das muss man sich mal vorstellen. Jetzt bin ich über fünfzig Jahre alt und dieser Jungspund denkt, er muss mir sagen, wie man Butterbrötchen schmiert."
Ich frage, ob die anderen sich in die Situation hineinversetzen können. Alle Anwesenden können sich in die Situation einfühlen. So dreht es sich eine ganze Zeit lang um die Situation mit dem Brötchen und wir kommen an Themen wie: Warum bringt mich diese Aussage auf die Palme? Welche Gedanken, Gefühle und weitere Konsequenzen hat das, was ich gehört habe für mich? Wie kann ich damit umgehen? usw. Da es nie die Situation an sich ist, die uns beschäftigt, sondern die Bedeutung, die wir dieser geben, taugt selbst so ein vergleichbar kleines Ärgernis gut, um daran zu üben. Als ich zu der Mitarbeiterin sage: „Jetzt versuchen wir es leicht zu nehmen!" antwortet sie prompt: „Du bist lustig! Wenn das so einfach wäre!"

Nimm's leicht! – Dieser Titel kann durchaus innere Widerstände hervorrufen. Wenn wir uns in einer Situation befinden, mit der wir uns schwer tun, dann hilft der gut gemeint Ratschlag: „Jetzt nimm es doch einfach leicht!" einer Freundin oder eines Freundes in der Regel nicht weiter. Eher kommt uns dann in den Sinn: „Ach, lass mich doch in Ruhe!" Daher möchte ich den Titel *Nimm's leicht!* nicht als Appell oder Aufforderung verstehen, sondern als Zusage:

Nimm's leicht!, weil jede noch so kleine Situation uns zum Wachsen einlädt. Natürlich kann man einwenden: „Wegen einem Brötchen solch einen Terz machen! Gibt es nichts Bedeutenderes?" Es geht nie um die Sache, sondern immer um die Bedeutung, die wir dieser beimessen. Deshalb ist jede noch so kleine Störung eine Einladung des Lebens, tiefer zu blicken. Wir müssen nicht gleich die großen Belastungen heranziehen, um freier zu werden, sondern können an den alltäglichen Herausforderungen üben und daran wachsen.

Nimm's leicht!, weil wir in jeder Situation einen Spielraum haben, den wir entdecken und gestalten können. Dies ist eine Zusage, die den Horizont offen hält und Raum zum Aufatmen schenken kann.

Nimm's leicht!, weil es um Bewusstheit geht und nicht um Leistung. Wenn wir uns dessen bewusst werden und erkennen, dass wir in einer Situation einen Kampf gegen Windmühlen führen, den wir nur verlieren können.

Nimms leicht!, weil wir uns vielleicht einen Schuh angezogen haben, der gar nicht unserer ist. Wenn wir (ungefragt) Verantwortung für etwas übernommen haben, das wir getrost auch anderen überlassen können, dann wird es leichter.

Nimm's leicht!, weil wir nicht alleine unterwegs sind! Die schönsten Momente in Seminaren sind für mich immer diejenigen, in denen jemand seine Erleichterung darüber zum Ausdruck bringt, dass es den

Anderen genauso geht. So eine Situation, wie oben beschrieben, kennt jeder – in abgewandelter Form. Wir denken vielleicht, mit uns würde etwas nicht stimmen – dabei geht es Anderen ähnlich. Diese Erkenntnis kann sehr viel von dem Druck nehmen, den wir uns selbst machen.

Nimm's leicht!, schließlich deshalb, weil das Leben freundlich ist. Vielleicht denken Sie jetzt: „Was soll denn der Quatsch!" Natürlich empfindet man es nicht als freundlich, wenn man einen Schicksalsschlag zu verdauen hat. Darauf zu hoffen und daran zu glauben, dass das Leben freundlich ist, bedeutet, optimistisch zu bleiben und den Horizont offen zu halten. Darauf zu vertrauen, dass das, was jetzt im Moment aussichtslos erscheint, am Ende vielleicht zum Segen werden kann.

Am Ende des Seminars ist die Atmosphäre eine andere. Das geflügelte Wort des Seminars lautet: „Jetzt nimm doch einfach weniger Butter!" Das hilft der Mitarbeiterin, der geschilderten Situation die Schwere zu nehmen und jetzt sogar darüber lachen zu können.

Ich habe mehrmals wöchentlich Seminargruppen in ganz verschiedenen Kontexten meiner Tätigkeit als Resilienztrainer, bei denen ich zu Beginn immer dieselbe Frage stelle:

Was stört oder belastet Sie?

Die Antworten auf diese Frage fallen so bunt und kreativ aus, wie das Leben ist. Es können mal schwere Krisen sein, die jemand in der Runde ansprechen möchte. Manchmal sind es aber auch die kleinen alltäglichen Ärgernisse oder Herausforderungen, die zur Sprache kommen.

Immer häufiger sind es auch globale Themen, die von den Teilnehmern der unterschiedlichen Seminare angesprochen werden. Viele sind besorgt angesichts der aktuellen (welt-)politischen Lage und angesichts der globalen Herausforderungen, wie zum Beispiel der Umweltverschmutzung und des Terrorismus. Aufgrund der Tatsache, dass diese

Entwicklungen mittels der Medien unmittelbar in unser Leben hineinwirken, sind wir heute vielleicht so stark wie nie zuvor herausgefordert, uns abzugrenzen und unseren eigenen Spielraum zu schützen, damit das Gefühl der Ohnmacht und Hilflosigkeit in uns nicht überhandnimmt.

In den folgenden Kapiteln möchte ich Ihnen einen einfachen und knackigen Ansatz vorstellen, der aus der Praxis entstanden und auch für das alltägliche Leben gedacht ist. Die Geschichten haben sich so oder so ähnlich in Seminaren und Coachings ereignet. Die Namen habe ich aus Schutz vor den Teilnehmer*innen geändert. Mein Ziel ist es, Ihnen ein konkretes Hilfsmittel an die Hand zu geben, mit dem Sie sich besser kennenlernen und Ihre persönliche Widerstandskraft (Resilienz) stärken können.

Nach den einführenden Kapiteln, in denen ich die Methodik ausführlich erläutere, folgen die weiteren Kapitel, in denen diese anhand konkreter Beispiele vertieft wird.

In drei Schritten können Sie jede Situation, die als Belastung empfunden wird, analysieren und mal kreativ neugierig, mal aus der Not geboren den eigenen Spielraum entdecken und gestalten.

Die Kapitel folgen in der Regel einer festen Struktur.

- Wir gehen immer aus von konkreten belastenden Situationen, die erläutert werden.
- Anschließend schauen wir, in welchem Spielraum wir uns befinden und welche Folgen die Situation hat: Welche Gedanken, Gefühle und sonstige Konsequenzen sich daraus ergeben.
- Schließlich stellt sich in jeder Situation jeweils neu die Frage:
  1. Was kann ich ändern? (Change it!)
  2. Was kann ich bejahen, annehmen oder gar lieben? (Love it!)
  3. Wo gönne ich mir die (innere) Freiheit, und verlasse die Situation? (Leave it!)

Und nun lade ich Sie ein, teilzunehmen am Seminar! Nehmen Sie Platz. Lesen Sie, und versetzen Sie sich in die Situation der Teilnehmer. Vielleicht erkennen Sie sich wieder.

Letztlich wünsche ich Ihnen aber auch den Mut, die Dinge zu ändern, die sich ändern lassen. Ich wünsche Ihnen Gelassenheit, um die Dinge annehmen zu können, die Sie nicht ändern können und ich wünsche Ihnen die Weisheit, das eine vom anderen zu unterscheiden.

Im Strategiequartier

Was stört mich im Moment?

Zwei Mönche waren auf der Wanderschaft. Eines Tages kamen sie an einen Fluss. Dort stand eine junge Frau mit wunderschönen Kleidern. Offenbar wollte sie über den Fluss, doch da das Wasser sehr tief war, konnte sie den Fluss nicht durchqueren, ohne ihre Kleider zu beschädigen.
Ohne zu zögern ging der ältere Mönch auf die Frau zu, hob sie auf seine Schultern und watete mit ihr durch das Wasser. Auf der anderen Flussseite setzte er sie trocken ab.
Nachdem der jüngere Mönch auch durch den Fluss gewatet war, setzten die beiden ihre Wanderung fort.
Nach etwa einer Stunde fing der eine Mönch an, den anderen zu kritisieren: „Du weißt schon, dass das, was du getan hast, nicht richtig war, nicht wahr? Du weißt, wir dürfen keinen nahen Kontakt mit Frauen haben. Wie konntest du nur gegen diese Regel verstoßen?"
Der Mönch, der die Frau durch den Fluss getragen hatte, hörte sich die Vorwürfe des anderen ruhig an. Dann antwortete er: „Weißt du, was der Unterschied zwischen mir und dir ist? Ich habe die Frau vor einer Stunde am Fluss abgesetzt – warum trägst du sie immer noch mit dir herum?"
(frei nacherzählt, The Wisdom of the Zen Masters)

Es gibt immer wieder Situationen im Leben, in denen es uns so ähnlich gehen mag wie dem jungen Mönch: etwas geht uns in Gedanken nach, beschäftigt uns und bindet Energie. Man kann sich ja bildhaft vorstellen, wie es in dem jungen Mönch gearbeitet hat und wie viel Energie er aufbringen musste, bis er schließlich den Mut hatte, seine Gedanken auszusprechen und den älteren Mönch zu kritisieren.

Im Laufe des Lebens können es viele Situationen sein – kleinere und größere – die wir nicht dort lassen, wo sie hingehören, sondern mit uns herumtragen und die den emotionalen Ballast mit der Zeit vergrößern.

Ich lade Sie nun ein, für sich zu prüfen, welchen Ballast Sie aktuell spüren. Alles, was Ihnen in den Sinn kommt, dürfen Sie nun aufschreiben. Alleine das kann schon eine Erleichterung darstellen. Denn das Unbestimmte und Unbenannte wird benannt und damit verliert es vielleicht einen Teil seiner Schwere.

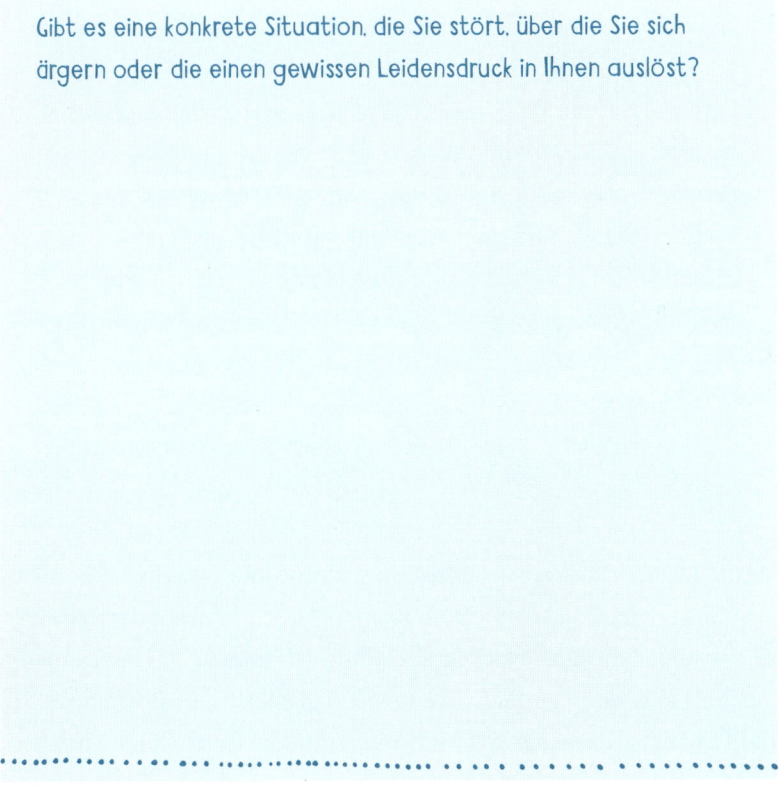

Gibt es eine konkrete Situation, die Sie stört, über die Sie sich ärgern oder die einen gewissen Leidensdruck in Ihnen auslöst?

Wir befinden uns in einem Seminar mit dem Titel „Nimm`s leicht!"
Ich stelle die Frage in die Runde: „Gibt es eine konkrete Situation,
die dich stört, über die du dich ärgerst oder die einen gewissen
Leidensdruck in dir auslöst?"
Als erste meldet sich Raphaela: „Mich ärgert aktuell eine Situation.
Wir haben seit Kurzem einen neuen Nachbarn", erzählt sie. „Es
war von vornherein klar, dass es schwierig mit ihm werden wird.
Deutlich wurde es aber dann bei der Gestaltung seines Gartens.
Wir selbst haben einen Naturgarten. Alles darf wachsen. Es tut mir
gut, wenn die Natur sich entfalten kann. Unser Nachbar dagegen
hat sich ganz viele schwarze Basalt-Steine in den Garten gelegt.
Und nun haben wir mitbekommen, dass er sich eine Sauna in den
Garten stellen möchte. Und zwar direkt an die Grenze zu unserem
Garten. Stellt euch das mal vor! Als ich das gehört habe, da bin ich
fast ausgetickt. So eine Sauna direkt neben uns. Die Vorstellung,
dass der nackt durch den Garten rennt, während wir auf der
Terrasse sitzen... Also nein! Außerdem nimmt sie uns das Licht der
Abendsonne. Ich weiß ja, dass das jetzt blöde klingt und dass es
gewiss schlimmere Dinge im Leben gibt. Aber dennoch beschäftigt
mich dies sehr." Ich bestätige sie: „Es ist nicht die Tatsache an
sich, sondern immer die Bedeutung, die wir dieser geben, die das
Leiden verursacht. Und außerdem lässt sich anhand von kleineren
Übeln leichter lernen."

Wenn wir uns über etwas aufregen, dann deshalb, weil wir der Überzeugung sind, es nicht ändern zu können. Das, was wir ändern können, nimmt uns den Leidensdruck und führt uns wieder in einen inneren Zustand des Wohlbefindens. Wenn Sie beispielsweise frösteln und in der Lage sind, das Fenster zu schließen und die Heizung aufzudrehen, so dass Ihnen wollig warm wird, dann ist alles wieder in bester Ordnung. In dem Moment, in dem wir jedoch der Überzeugung sind, irgendjemand sollte die Heizung aufdrehen, damit es mir wieder gut geht, beginnt unter Umständen der innere Kampf: „Warum macht denn niemand etwas gegen die Kälte hier im Raum?"

> Der erste Reflex, wenn uns etwas stört, besteht darin: „Was stört, muss weg!"

Die drei Spielräume: Welche Gefühle füttere ich?

Wenn wir auf unser tägliches Leben blicken, dann sind wir immer in Beziehung mit drei Einflussbereichen oder Spielräumen: wir sind in Beziehung mit uns selbst, mit anderen Menschen und – ganz allgemein – mit der Welt oder der Realität, die uns umgibt. Störungen, die wir erleben, haben mit einer der drei Beziehungsdimensionen zu tun. Wenn uns etwas stört – an uns selbst, an einer anderen Person oder am Leben, so wie es sich zeigt – dann ist es hilfreich, zu unterscheiden zwischen dem, von dem ich sagen kann, das ist…

- „Mein" Spielraum
- „Dein" Spielraum (der einer anderen Person) und
- Das „Leben" oder der Spielraum „Gottes". Wir Schwaben sagen manchmal: „So isch`s Leben" und meinen damit all das, was weder ich selbst noch ein anderer Mensch verändern kann: Die Wirklichkeit, die gegenwärtige Realität oder je nachdem auch das „System".

Befinden wir uns mit Überzeugungen gedanklich im Spielraum oder in den Angelegenheiten einer anderen Person oder dem des Lebens, so sind wir nicht mehr bei uns und vernachlässigen somit uns selbst und unsere eigenen Angelegenheiten. Dadurch kann viel Stress entstehen. Die Gewohnheit, sich in die Angelegenheiten anderer einzumischen ist sehr weit verbreitet und rührt bspw. aus der Sorge um den Anderen oder daher, dass uns gar nicht bewusst ist, was unsere Angelegenheit ist und was nicht.

Doch das hat Konsequenzen: Sorgen und ein (leichtes) Gefühl des Unwohlseins dürften für die meisten von uns regelmäßige Begleiter im Alltag sein. Dieses Unbehagen ist oft nicht stark genug, dass wir es beachten würden: wir haben uns daran gewöhnt. Dabei summiert sich das zu einer beachtlichen inneren Energieverschwendung, wenn wir einfach wegschauen und hoffen, dass „es" – was immer es gerade auch sein mag – sich von selber löst. Doch oft genug bleiben diese inneren Energieräuber in uns aktiv: wir tragen sie mit uns und schwächen uns selbst.

Es wird Zeit, diese Energiefresser zu erkennen und unser Innerstes zu reinigen!

„Mein" Spielraum

> Als ich mich wirklich selbst zu lieben begann, habe ich mich geweigert, immer weiter in der Vergangenheit zu leben und mich um meine Zukunft zu sorgen.
> Jetzt lebe ich nur mehr in diesem Augenblick, wo alles stattfindet.
> So lebe ich jeden Tag und nenne es Vollkommenheit!
> (Charlie Chaplin)

Mein Spielraum oder meine Angelegenheit ist mein Leben. Dazu gehörten meine Gedanken, Gefühle und mein Verhalten. Wie ich mich selbst behandle und wie ich andere behandle – all das ist meine Angelegenheit.

Wenn ich mich in meinen Angelegenheiten befinde, dann sitze ich am Steuer und kann mein Leben führen. Jede Herausforderung, die ich bestehe und jedes Ziel, das ich aus eigenen Mitteln erreiche, verdeutlicht mir, dass ich mich in meinem Spielraum oder in meiner Angelegenheit befinde.

Ich erinnere mich an die ersten Schritte meines ältesten Sohnes: Er stand auf seinen Wackelbeinen am Sofa und hielt sich daran fest. Dann visierte er den Wohnzimmertisch an und lies los. Seine ersten drei Schritte gelangen und er kam an, ohne hinzufallen. Der Kleine platzte schier vor Begeisterung und Stolz. Sofort ging sein Blick umher, um zu prüfen, ob ihn jemand dabei gesehen hatte, mit dem er die Begeisterung teilen kann. Später dann legte er los mit dem Laufrad, dann mit dem Fahrrad. Eines Tages wird es der Zug sein, dann das Auto und irgendwann auch das Flugzeug, mit dem er seinen äußeren Spielraum erobert und vergrößert. Sich Ziele zu stecken, die selbstverantwortlich erreicht werden können, vergrößert den persönlichen Spielraum und stärkt das Selbstwertgefühl.

Das gilt vor allem auch für die ungeliebten Momente im Leben. Wenn wir vor Herausforderungen stehen und erkennen, dass wir diesen nicht hilflos ausgeliefert sind, sondern einen äußeren Spielraum haben und etwas ändern können oder über einen „inneren" Spielraum verfügen und die Haltung zu den Dingen ändern können, dann wächst das Gefühl von Selbstbestimmung im Laufe der Zeit stetig an. Die Konsequenz aus solchen Erfahrungen: wir suchen zunehmend Wege, um mit den Herausforderungen umzugehen, anstatt uns selbst zu bemitleiden.

Je mehr wir uns also in unserem eigenen Spielraum befinden, desto selbstwirksamer erleben wir uns, was dazu führt, dass Seele und Geist gestärkt werden.

Bin ich egoistisch, wenn ich mich um meine Angelegenheiten kümmere?

Als ich mich wirklich selbst zu lieben begann, habe ich mich von allem befreit, was nicht gesund für mich war, von Speisen, Menschen, Dingen, Situationen und von allem, das mich immer wieder hinunterzog, weg von mir selbst. (Charlie Chaplin)

Zu Beginn der Auseinandersetzung mit dem eigenen Spielraum werden die Beziehungen im sozialen Umfeld bisweilen belastet und der bisherige Umgang miteinander in Frage gestellt. Der erste Schritt bedeutet Abgrenzung. Wer beginnt, ein Bewusstsein zu entwickeln für den Ursprung des eigenen Leidens und erkennt, welches die eigenen Angelegenheiten sind, der ändert sein Auftreten in bestimmten Situationen. Sich dann nicht mehr – aus einer inneren Not heraus – um jeden und alles zu kümmern, sondern selbstverantwortlich Grenzen zu setzen, kann im Umfeld zu

Anfangs nannte ich das gesunden Egoismus, aber heute weiß ich, das ist Selbstliebe! (Charlie Chaplin)

Unruhe und Unverständnis führen. Es kann sich die Frage aufdrängen: Wo bleibt die soziale Komponente, wenn jeder sich um seine Angelegenheit kümmert? Wird hier nicht ein Individualismus recht eigener und elitärer Art geprägt?

> In meiner Angelegenheit ist nicht gleichbedeutend damit, sich innerlich abzuschotten und gleichgültig zu werden gegenüber Anderen und gegenüber dem Leben.

Selbstverständlich sind der bloße Rückzug und Abgrenzung jedoch nicht das Ende der Entwicklung. Es handelt sich dabei um den ersten und notwendigen Schritt auf dem Weg zu einer neuen, freieren und selbstbestimmteren Identität und zu mehr Ehrlichkeit im Umgang miteinander.

Menschen, die es geschafft haben, diverse „Schuhe" auszuziehen, die nicht ihre eigenen sind und die sich nicht mehr so stark in fremde Angelegenheiten einmischen, können auf tiefere und intensivere Weise auf Menschen zugehen, haben die Fähigkeit, Gemeinschaft zu stiften und die Kraft, Ideen umzusetzen. Wenn wir diesen Schritt der Abgrenzung gegangen sind und uns dann um andere kümmern, geschieht dies aus einer selbstbestimmten und bewussten Freiheit heraus. Dann geschieht es, dass jemand zu dem freien Entschluss kommen kann, sich um die alte Nachbarin zu kümmern, die nicht mehr selbst einkaufen gehen kann oder die Wäsche für die Familie zu waschen. Eben nicht, weil man der „Depp vom Dienst" ist, sondern aus innerer Zustimmung. So, wie der ältere Mönch in der Eingangsgeschichte, der der Frau hilft und mit sich im Reinen ist.

Beispiele für „Meine" Angelegenheit:
- Was ich fühle
- Was ich sage
- Was ich denke
- Was ich mache und was nicht
- Was ich mag und was nicht
- Zu sagen, was mich stört und was ich mir wünsche
- Was mir wichtig ist (meine Werte)
- Meine Bedürfnisse
- Der Umgang mit mir und anderen
- Zu akzeptieren, was ich nicht ändern kann
- Einen Schussstrich zu ziehen und etwas zu beenden
- Woran ich glaube
- Verantwortung zu übernehmen für mein Handeln, mein Nichthandeln, meine Fehler und mein Leben

„Dein" Spielraum

> Ich finde es nicht gut, was du tust. Aber ich respektiere es und anerkenne, dass es deine Angelegenheit ist.

Wenn wir denken: „Du sollst uns nicht den schönen Ausblick mit deiner Sauna verbauen! Du sollst mich in Ruhe lassen." Oder auch: „Du sollst nicht leiden! Du sollst glücklich sein! Du solltest dich besser um dich kümmern! Du solltest nicht nörgeln! Du solltest mich lieb haben!", dann befinden wir uns gedanklich im Spielraum einer anderen Person.

In familiären – aber auch in kollegialen – Beziehungen kann es besonders schnell vorkommen, dass wir uns in die Angelegenheiten der Anderen einmischen und uns darin verstricken. „Du sollst es gut haben. Ich will, dass es dir gut geht und dass du nicht leiden musst!"

Diese Einstellung führt schnell dazu, dass wir uns gedanklich im Spielraum des Anderen bewegen und überlegen, was wir tun können, damit es dem Anderen besser geht. Wie selbstverständlich erwarten wir dann ein „Danke!" dafür. Der Satz „Ich habe es doch nur gut gemeint!" kommt uns dann über die Lippen, wenn der Andere sich nicht bedankt, sondern die ungefragte Hilfe als Grenzüberschreitung wahrgenommen hat und sich dagegen wehrt.

Die Einmischung in fremde Angelegenheiten kann auch dann schnell geschehen, wenn wir ein Idealbild von uns und von unseren Beziehungen haben. Unsere eigene Biographie sowie gesellschaftliche und religiöse Leitbilder etc. vermitteln uns klare Vorstellungen, wie der Chef, die Kollegin, Partner oder das Kind „sein sollte". Fällt jemand aus dem Rahmen unseres Bildes, so kann es sein, dass die Einmischung nicht lange auf sich warten lässt und wir dem Anderen signalisieren: „Das gehört sich nicht!" Wir mischen uns gedanklich oder verbal in das Leben des Anderen ein und bevormunden den Anderen: „Du hättest das nicht tun dürfen!"

Es ist jedoch nicht meine Angelegenheit, was jemand tut oder denkt:
- Mein Kollege kann mich nicht leiden? – sein Spielraum oder seine Angelegenheit!
- Ich fühle mich deshalb schlecht? – mein Spielraum oder meine Angelegenheit.
- Wie ich mit meinen Gefühlen umgehe und welche Konsequenz ich daraus ziehe? – mein Spielraum oder meine Angelegenheit.

Es liegt ebenso im Spielraum des Anderen, ob er viel arbeitet oder wenig, ob er seine Sachen aufräumt oder Alkohol trinkt. Die Liste ließe sich nach Belieben erweitern. Ganz egal, worum es geht: Was der Andere denkt und tut, ist voll und ganz seine Angelegenheit, Freiheit und auch Verantwortung! Was das Verhalten des Anderen in mir auslöst und wie ich darauf reagiere, das hingegen ist meine Angelegenheit und Verantwortung.

Sobald wir uns gedanklich in die Angelegenheiten Anderer oder Gottes einmischen, sind wir nicht mehr in unserem Spielraum und entfernen uns von unseren eigenen Angelegenheiten. Dies erleben wir – insbesondere bei Ablehnung – durch das Gefühl von Trennung und Schmerz. Wenn wir also bleibende Forderungen an Andere haben, die diese nicht erfüllen, führt das zu Gefühlen wie zum Beispiel Frust, Angst, Ohnmacht, Enttäuschung, Verlassenheit, Empörung, Traurigkeit und Schwere.

Beispiele für „Deine" Angelegenheit:
- Was du denkst
- Was du fühlst
- Was du machst oder was nicht
- Was du magst und was nicht
- Deine Einstellungen und Werte
- Zu sagen, was dich stört
- Zu sagen, was du dir wünschst
- Deine Bedürfnisse
- Zu akzeptieren, was du nicht ändern kannst
- Einen Schussstrich zu ziehen und etwas zu beenden
- Woran du glaubst
- Verantwortung zu übernehmen für sein/ ihr Handeln, Nichthandeln, seine/ ihre Fehler und sein/ ihr Leben

Das „Leben", die Wirklichkeit – oder der Spielraum „Gottes"

Wenn Sie sich über etwas ärgern, das weder Sie noch ein anderer einzelner Mensch ändern können, weil es im Moment eben ist, wie es ist, dann befinden Sie sich im Kampf gegen die Realität und in den Angelegenheiten Gottes. Für Byron Katie bedeutet das Wort „Gott" die Realität oder Wirklichkeit an sich. „Die Wirklichkeit ist Gott, weil sie herrscht. Alles, was außerhalb meiner oder deiner Kontrolle oder der Kontrolle von irgendjemand sonst liegt, nenne ich Gottes Angelegenheit." Ich kann es nicht ändern, du kannst es nicht ändern. Also liegt es in Gottes Spielraum, dass sich etwas ändert: „Herr, komm zur Hilfe!", ruft deshalb der Verzweifelte im Gebet, wenn er sich ohnmächtig fühlt.

Immer, wenn ich mich gegen die momentane Realität wehre, verliere ich! Denn die Wirklichkeit ist stärker als mein Wunschdenken.

Wenn Sie sich über die derzeitige Politik oder das System ärgern, wenn Sie mit einer Krankheit hadern oder empört sind, weil täglich Gewalt ausgeübt wird – egal, worüber Sie sich aufregen oder worunter Sie leiden: wenn Sie nichts dagegen ausrichten können und sich dennoch darüber aufregen, verstärken Sie dadurch nur den Frust und das Gefühl von Ohnmacht. Denn damit lehnen Sie sich gegen das Leben und die Realität auf. Das bedeutet nicht, dass Sie alles billigen müssen oder gleichgültig all dem gegenüber werden sollen. Zunächst geht es einzig darum, die Grenzen des eigenen Einflusses zu erkennen. Wenn Sie die Realität ablehnen und sich im inneren Widerstand dagegen befinden, dann verschwenden Sie Ihre Lebensenergie, die Sie an anderer Stelle konstruktiver einsetzen könnten.

Beispiele für den Spielraum des Lebens:
- Vergangenheit, denn sie ist vorbei
- Zukunft, denn sie ist noch nicht
- Die menschliche Natur:
  - dass wir geboren werden und sterben
  - dass wir Menschen Fehler machen
  - dass Informationen verloren gehen
  - dass Kommunikation scheitern kann
  - dass es unausweichliche Konflikte im Leben gibt
  - dass Menschen unterschiedlich sind
  - dass wir nie perfekt sind und sein werden
- Das Wetter und Naturgewalten
- All das, für das ich niemand konkret verantwortlich machen kann: das „System"
- Naturkatastrophen
- Gesetzmäßigkeiten

Es lohnt, sich die Frage zu stellen: In welchem Spielraum befinde ich mich?

Die Einteilung in die drei Spielräume kann helfen, dass wir erkennen, wo wir Einfluss haben und wo dieser endet. Immer dann, wenn Sie sich gedanklich in den Spielraum eines anderen Menschen einmischen, dann befinden Sie sich in fremden Angelegenheiten und das behindert das Wachstum. Vielleicht denken Sie jetzt: „Es ist doch völlig normal, dass ich in Gedanken bei meinen Kindern oder Eltern bin." Es ist normal, weil wir uns daran gewöhnt haben. Manche Menschen sind dermaßen häufig in Gedanken bei anderen, dass der eigene Spielraum – sie selbst – verwaist und einsam ist. Sie kön-

> Nicht die Dinge selbst, sondern die Meinungen von den Dingen beunruhigen die Menschen.
> (Marc Aurel)

nen stundenlang darüber reden, wie es anderen geht. Aber fällt die Frage: „Und wie geht es dir?", so verstummen sie. Dieses Außer-sich-Sein führt oft zu einem Grundgefühl latenter Sorge.

Erleben Sie also ein Gefühl des Unwohlseins, der Schwere oder gar Stress, so macht es also Sinn, zu fragen: „In wessen Spielraum befinde ich mich gerade? Handelt es sich wirklich um meine Angelegenheit? Befinde ich mich in meinem Spielraum?" Und dann kann es erstaunlich sein, festzustellen, wo Sie sich mit Ihren Gedanken und Ihrer Aufmerksamkeit gerade befinden. Je mehr Sie bei sich selbst und im Hier und Jetzt ankommen, desto mehr schwindet die innere Schwere und es entsteht eine Leichtigkeit, ein Gefühl von Verbundenheit und innerer Frieden.

Diese Erkenntnis hilft, dass wir uns auf den Bereich konzentrieren, in dem wir Einfluss haben. Mit der Untersuchung stressiger Momente („In welcher Angelegenheit befinde ich mich gedanklich im Moment?") wird deutlich, wie schnell es gehen kann, dass wir uns selbst verlassen und Gefahr laufen, uns zu verstricken. Die „Heimkehr" zu unseren eigenen Angelegenheiten und das Übernehmen von Verantwortung für uns selbst führen dazu, dass wir in unseren Beziehungen klar, authentisch und ehrlich sind. Wir lernen zu unterscheiden zwischen dem Veränderbaren und dem Unveränderbaren.

> **Mach keine Geschichte draus. (Buddha)**

> Im Seminar frage ich Raphaela, die sich über die Sauna im Garten des Nachbarn aufregt: „Was ist dein Wunsch in dieser konkreten Situation?" – „Na, der soll keine Sauna bauen und nicht nackig durch den Garten rennen! Ist doch klar!" – „Kannst du etwas dagegen tun?" – „Nein, leider nicht. Zumindest nichts Legales. Rechtlich geht das alles in Ordnung. Aber genau das macht mich

ja so ärgerlich. Wir wohnen seit über fünfzehn Jahren in unserem Haus und neben uns war immer eine Wiese. Wir wussten schon, dass es sich um einen Bauplatz handelt, der irgendwann bebaut werden wird. Aber wir haben uns eben im Laufe der Jahre an die Freiheit gewöhnt. Dafür kann der neue Nachbar nichts, muss man fairerweise sagen. Aber jetzt kommt er daher und stellt seine Sauna quasi fast in unseren eigenen Garten. Und ich kann nichts dagegen tun." – „Denkst du viel darüber nach?" – „Oh ja!" – „Bist du in Gedanken bei deinem Garten oder im Garten deines Nachbarn? Worauf fokussierst du dich?" – „Ich denke viel an den Nachbarn und seine Sauna." – „Wenn du an die Sauna deines Nachbarn denkst: Was ist deine Angelegenheit? Worin liegt dein Spielraum?" – „Ich habe keinen. Er baut seine Sauna und ich kann zusehen und mich ärgern."

Wenn wir uns gedanklich nicht in unserem eigenen Spielraum (oder Garten) befinden, merken wir es daran, dass wir uns zunehmend frustriert, ohnmächtig und getrennt fühlen – so wie Raphaela.

Wie fühlt es sich an, wenn ich mich in meinem Spielraum befinde?

Im Seminar stelle ich die Frage: „Fällt dir eine Situation ein, in der du deinen Einfluss spürst? Ein kleines Erfolgserlebnis, über das du dich freust?"

> Fällt Ihnen eine Situation ein, in der Sie Ihren Einfluss spüren? Ein kleines Erfolgserlebnis, über das Sie sich freuen?

Raphaela überlegt: „Ich muss an gestern denken. Da habe ich von einer Kollegin ein kleines Geschenk bekommen. Eine Packung Pralinen. Weil ich sie immer so gut unterstütze – hat sie gesagt." – „Was denkst du über die Kollegin, über dich und das Leben?", frage ich. „Na, ich habe mich gefreut! Schön, dass sie wertschätzt, dass ich an sie denke. Sie zeigt mir, dass sie mich wahrnimmt und mich schätzt. Und ich merke: Es macht doch Sinn, dass ich mich einbringe und sie immer wieder unterstütze, wenn sie mich bittet." – „Welche Gefühle lösen diese Gedanken bei dir aus?", will ich weiter wissen. „Ich spüre Freude... Glück... ein bisschen Stolz... Zufriedenheit und auch eine Art Wärme." – „Hat das Ganze irgendwelche Konsequenzen für dich? Merkst du etwas an deinem Verhalten, wenn du dies so stark spürst?" – „Ich unterstütze sie natürlich gerne weiterhin."

In der Situation, die Raphaela schildert, kommt gut zum Ausdruck, wie es sich anfühlt, in der eigenen Angelegenheit zu sein und sich verbunden zu fühlen mit sich, dem Anderen und dem Leben. Das Leben kommt ins Fließen und die Zufriedenheit wächst. In der eigenen Angelegenheit zu sein bedeutet nicht, gleichgültig zu werden gegenüber Anderen. Sondern vielmehr, sich selbst, dem Nächsten und dem Leben zu dienen mit den eigenen Fähigkeiten und Ressourcen.

Wenn Sie jemanden in Not sehen, dann ist es Ihre Angelegenheit, ob Sie
- helfen
- gleichgültig sind
- ein schlechtes Gewissen bekommen
- Hilfe delegieren

Was bedeutet dies nun übertragen auf die Situation mit dem Nachbarn? Wenn sich Raphaela in dieser Situation in ihrem eigenen Spielraum befände, dann würde sich ihr Fokus auf den eigenen Garten richten – sinnbildlich für ihren eigenen Spielraum. Dadurch würde sie spüren, dass sie der Situation nicht ausgeliefert ist, sondern selbst einen Einflussbereich besitzt, den sie gestalten kann. Wenn sie Forderungen an ihren Nachbarn hat, die dieser nicht erfüllt, kämpft sie an der falschen Front. Mit dem Blick auf den eigenen Garten kann das Leben ins Fließen kommen und sowohl Kreativität als auch Erleichterung und Versöhnung mit der Situation und dem Nachbarn wachsen können.

Welchen Wolf in mir füttere ich?

Ein alter Indianer saß mit seinem Enkelsohn am Lagerfeuer. Es war schon dunkel geworden und das Feuer knackte, während die Flammen in den Himmel züngelten. Der Alte sagte nach einer Weile des Schweigens: „Weißt du, wie ich mich manchmal fühle? Es ist, als ob da zwei Wölfe in meinem Herzen miteinander kämpfen würden. Einer der beiden ist rachsüchtig, aggressiv und grausam. Der andere hingegen ist liebevoll, sanft und mitfühlend."
„Welcher der beiden wird den Kampf um dein Herz gewinnen?", fragte der Junge. „Der Wolf, den ich füttere."
(Quelle unbekannt)

Den negativen Wolf in mir füttern

Wenn Sie sich über etwas dauerhaft ärgern, dann hat der Umgang damit Einfluss auf Ihr Wohlbefinden und Ihre Resilienz, sprich auf Ihre seelische Widerstandskraft:

Frage: Worüber ärgern Sie sich? Welche Situation stresst oder stört Sie?
Bsp.: „Der Ärger über einen Kollegen, der unordentlich arbeitet und keine saubere Übergabe macht."

Was löst diese erlebte Situation bei Ihnen aus...
...an Gedanken (über Sie, Andere, das Leben in unzensierter Form):
Bsp.: „Du bist ein Chaot; Ich muss deine Unordentlichkeit ausbaden; Bin ich hier der Depp vom Dienst?; Das Leben ist ungerecht!; Warum macht niemand etwas dagegen?; Ich kann das nicht mehr lange aushalten; Ich könnte ihm/ihr den Hals umdrehen."...

...an Gefühlen:
Solche Gedanken haben folgende Gefühle als Konsequenz. Meistens ist ein Gefühl dominanter: Wut, Empörung, Ohnmacht, Zweifel, Enge, Traurigkeit, Scham, Aggression, Trotz, Minderwertigkeit, Isolation,...

...an weiteren Konsequenzen:
Wer sich in der emotionalen Enge und im Stress befindet, handelt aus dem Angriffs- oder Fluchtmodus heraus. Zum Bsp.: Ich gehe ihm aus dem Weg, ich lästere, ich ziehe mich zurück, grüble, verliere die Motivation, stänkere, kritisiere...

Übung: Wo füttern Sie den negativen Wolf in sich?

1. Was – ganz konkret – stört und belastet Sie?
Wo kämpfen Sie gegen die Realität, indem Sie der Überzeugung sind, dass jemand oder etwas in meinem Leben anders sein sollte, als es ist?

2. Was löst diese Forderung, die Sie stellen,
und die nicht eintritt, bei Ihnen aus...
...an Gedanken
    (über Sie, Andere, das Leben in unzensierter Form)?
...an Gefühlen?
...an weiteren Konsequenzen?

Den positiven Wolf in mir füttern

Frage: Wo habe ich einen (kleinen) Moment des Erfolges oder des Glücks erlebt?
Eine bestandene Prüfung, abgehakte To-do-Liste, ein Lob etc.

Was löst dieser erlebte Glücksmoment aus...
...an Gedanken (über Sie, Andere, das Leben in unzensierter Form):
Bsp.: Ich kann was! Ich bin hier richtig! Meine Arbeit macht Sinn!...

...an Gefühlen:
Solche Gedanken haben folgende Gefühle als Konsequenz. Meistens ist ein Gefühl dominanter: Erleichterung, Freude, Glück, Zufriedenheit, Verbundenheit, Weite, Stolz, Frieden, Erfüllung, Sinn, Liebe, Gelassenheit, Entspannung...

...an weiteren Konsequenzen (denken Sie auch an die dazu passende Körperhaltung, Geste, Stimme etc.):
Wer aus diesen Gefühlen heraus handelt, fühlt sich sicher und verbunden mit dem Leben. Dies zeigt sich zum Bsp. darin: Ich gehe beschwingt, ich belohne mich, ich bin hilfsbereit, gehe offen auf andere zu, traue mir etwas zu...

Übung: Wo füttern Sie den positiven Wolf in sich
Situation: Wo haben Sie einen Moment des Erfolges oder des Glücks erlebt? (bestandene Prüfung, abgehakte To-do-Liste, Lob und Dank etc.)?

Was löst dieser erlebte Erfolg bei Ihnen aus...

...an Gedanken

(über Sie, Andere, das Leben in unzensierter Form)?

...an Gefühlen?

...an Verhalten

(denken Sie auch an die dazu passende Körperhaltung, Geste, Stimme etc.)?

In wessen Spielraum befinde ich mich?

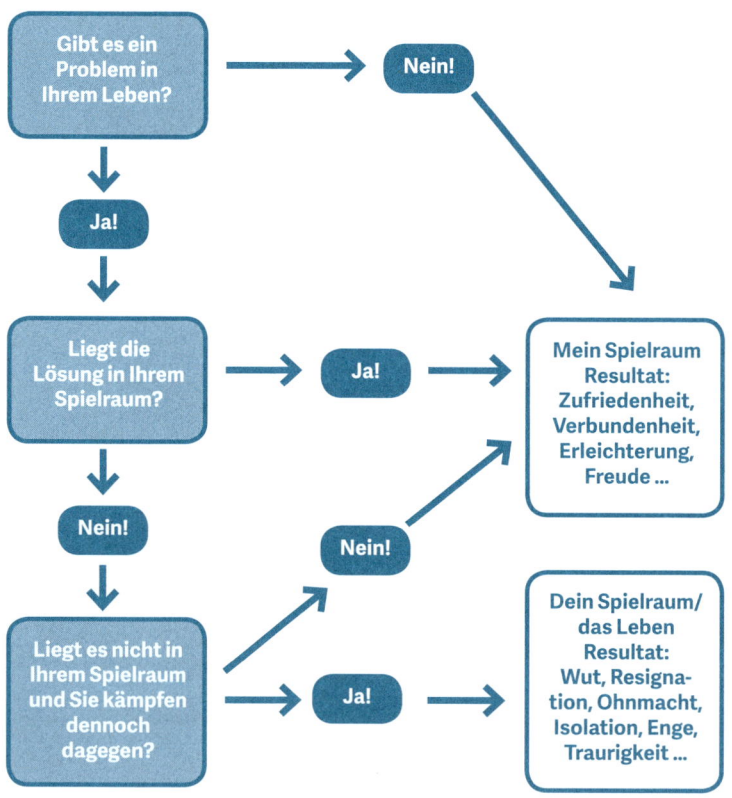

In drei Schritten zu mehr Gelassenheit

Das eine steht in unserer Macht, das andere nicht. In unserer Macht stehen: Annehmen und Auffassen, Handeln-Wollen, Begehren und Ablehnen – alles, was wir selbst in Gang setzten und zu verantworten haben. Nicht in unserer Macht stehen: unser Körper, unser Besitz, unser gesellschaftliches Ansehen, unsere Stellung – kurz: alles, was wir selbst nicht in Gang setzten und zu verantworten haben.
(Epiktet, Handbüchlein der Moral, 1)

Wenn Sie leiden oder wenn Sie etwas stört, dann stehen Sie immer vor der Wahl: Sie können sich als Opfer fühlen oder Sie fragen sich: „Was ist mein Spielraum? Wo besitze ich Einfluss?" Diese Frage führt Sie in Ihren eigenen Spielraum und lenkt die Energie in konstruktive Bahnen. Es ist völlig normal, sich zunächst über Störungen zu ärgern. Es genügt, diese wahrzunehmen und sensibel dafür zu sein, was den Ärger auslöst. Die entscheidende Wendung geben Sie dem Verlauf, indem Sie den Blickwechsel oder die Umkehr vollziehen.

Wenn Sie unter etwas leiden...
- können Sie sich immer wieder darüber aufregen und ärgern, hilflos werden und resignieren, dass es anders ist, als Sie es sich wünschen.
- Sie können anderen (der Wirtschaft, der Politik oder Ihrem Lebenspartner...) die Schuld geben, dass es Ihnen schlecht geht und die Anderen dauerhaft ins Unrecht setzen.
- Sie können eine große Traurigkeit darüber entwickeln oder
- Sie können sich betäuben, mit Ablenkungen oder Drogen aller Art.

Die Konsequenz daraus? Sie machen die Erfahrung, dass die jetzige Realität stärker ist als Ihr Wunschdenken! Selbst, wenn dieses Wunschdenken noch so nachvollziehbar ist und Ihre Forderungen verständlich sind! Je mehr Sie sich auf das konzentrieren, was Sie nicht beeinflussen können, desto mehr nimmt das Gefühl der Ohnmacht zu – und mit ihm die Trauer oder die Wut, die zunehmend in Aggression umschlagen kann. In diesem Zustand kämpfen Sie *gegen* etwas.

Wenn Sie sich in Ihren eigenen Angelegenheiten befinden und Ihren Einflussbereich nutzen, dann handeln Sie selbstverantwortlich und setzen sich *für* etwas ein: Sie gestalten aktiv mit, anstatt darauf zu warten, dass eine gute Fee dies für Sie übernimmt. Sie können konstruktiv mit den Gegebenheiten umgehen – und je mehr Sie dies wahrnehmen, desto größer wird Ihr eigener Einflussbereich und Gestaltungsspielraum.

Sich des eigenen Spielraums bewusst zu werden, ist keine Anstrengung, sondern eine Frage des Bewusstseins. Wenn Sie eine heiße Kartoffel in der Hand halten, die so heiß ist, dass es weh tut, dann ist der erste Schritt der, den Schmerz zu spüren und zu erkennen, was den Schmerz auslöst. Sobald dies geschieht, lassen Sie die Kartoffel automatisch los – es sei denn, Sie sind masochistisch veranlagt. So ist es auch mit vielen anderen Situationen im Leben: wenn wir uns dessen bewusst werden, was den Schmerz auslöst, dann kann es vorkommen, dass der Schmerz von selbst geht.

Die frohe Botschaft besteht darin, dass wir immer einen Spielraum zugesagt bekommen. Auch wenn dies natürlich nicht bedeutet, immer eine Veränderung des Sachverhalts herbeiführen zu können. Aber das Vertrauen darauf, dass wir in jeder Situation einen Spielraum haben ist eine frohe Botschaft, die Gelassenheit schenken kann! Die spannende Frage lautet: Worin besteht dieser Spielraum?

> Raphaela, die sich noch immer über die Sauna in Nachbars Garten ärgert, hat sich zunächst auf den Nachbarn konzentriert, mit den beschriebenen Folgen. „Und was soll ich jetzt machen?", fragt sie erwartungsvoll. „Ich habe ja keinen Spielraum: der Nachbar kann die Sauna bauen und ich muss es akzeptieren." – „Wie fühlt sich das an, wenn du das so sagst?", will ich wissen. „Natürlich ärgerlich." – „Also schauen wir, wie es dir leichter werden kann und du dich nicht länger als Opfer der Umstände fühlst." – „Ich bin gespannt."

Wenn Sie unter etwas leiden, dann können Sie sich immer drei Fragen stellen, die Ihnen dabei helfen, wieder in Ihren eigenen Angelegenheiten anzukommen:

1. Schritt: Gibt es etwas, das ich an der konkreten Situation aus eigener Kraft ändern kann?
- *Change it!* (Ändere es!)

2. Schritt: Kann ich der Situation einen Sinn geben? Kann ich sie lieben, annehmen und bejahen? Kann ich Gott (oder dem Höheren Selbst) im Glauben meine Last abgeben, so dass es mir leichter wird und ich mich wieder verbunden mit dem Leben fühle? Kann ich den inneren Widerstand gegen das, was ist, aufgeben?
- *Love it!* (Bejahe es! Nimm es an! Liebe es! Gib es ab an jemanden oder an eine höhere Macht)

3. Schritt: Kann ich die Situation verlassen? Kann ich mir die (innere) Freiheit schenken, das Kampffeld zu verlassen oder einen Schlussstrich zu ziehen.
- *Leave it!* (Verlasse es! Beende es! Löse dich davon!)

Zumindest eine der drei Fragen führt potentiell in jeder Situation dazu, dass Sie einen Ausweg aus der Ohnmacht finden und es leichter nehmen können!

1. Schritt: Change it! – Was kann ich ändern?

Ich frage Raphaela: „Und was bedeutet dies für dich und die Sauna im Garten deines Nachbarn?" – „Hm. Ändern kann ich nichts an seinem Garten. Soviel ist klar. Ich habe ihn schon gefragt, ob er die Sauna nicht an einen anderen Platz stellen kann. Er meinte, dass sich nur die Stelle direkt neben unserem Garten anbieten würde. Es anzusprechen hat also nichts geholfen." – „Und wenn du den Blick wendest und den Fokus auf deinen Garten richtest?" – „Du meinst, wenn ich auf mich und meinen Garten schaue? Hm… Da muss ich überlegen… Dann könnte ich mich mit meinem Mann zusammensetzen und gemeinsam überlegen, wie wir mit dieser neuen Situation umgehen können… Vielleicht kommen wir auf eine Idee… Spontan fällt mir ein, wir könnten vielleicht eine Hecke pflanzen an der Grenze zu unserem Nachbarn… Dann müssten wir allerdings den Garten umgestalten und das Beet verlegen… Da ließe sich schon etwas machen. Wir haben uns früher schon einmal überlegt, ob wir die Terrasse umstellen wollen. Wir würden dann in die andere Richtung schauen und nicht mehr so sehr auf sein Grundstück. Aber das ist schon lange her und das war unabhängig von unserem neuen Nachbarn." – „Wie fühlen sich die Gedanken an?", frage ich Raphaela. „Gut. Ich bekomme Ideen und bin irgendwie erleichtert. Insgesamt ist der Ärger ein Stück weit verflogen und der Tatendrang wächst."

Wenn Sie etwas ändern möchten, können folgende Fragen dabei helfen, Klarheit zu gewinnen:
- Was genau will ich ändern und warum möchte ich etwas ändern?
- Welche Möglichkeiten habe ICH, etwas zu ändern?
- Was ist mir die Veränderung der Situation wert? Wie viel bin ich bereit zu investieren?
- Was ist mein Ziel? (Konkret, positiv, selbstbestimmt)
- Worin sehe ich den Gewinn der Veränderung?
- Was motiviert mich, eine Veränderung zu suchen?
- Was kostet mich die Veränderung?
- Wie genau gehe ich dazu vor?
- Mit welchen Widerständen (äußeren und inneren) darf ich rechnen?

Überlegen Sie sich, was Sie ändern können, wenn Sie unzufrieden sind oder den Eindruck haben, dass eine Situation lebensfeindlich ist. Wenn es Ihnen die Sache wert ist: Kämpfen Sie! Nehmen Sie Kontakt auf mit Ihrem inneren Helden oder Ihrer inneren Heldin! Wecken Sie den lichtvollen Wolf in sich und ziehen Sie in den Kampf! Wenn Sie das Gefühl haben, tausend Mal gegen eine Wand gelaufen zu sein, dann schauen Sie, ob es daneben noch eine Tür gibt, die Sie übersehen haben oder einen kleinen Pfad, der einen Weg zu einer kreativen Lösung bieten kann. Verbünden Sie sich gegebenenfalls, gehen Sie strategisch vor und suchen Sie eine konstruktive und lebensbejahende Lösung. Setzen Sie die Wut und die Unzufriedenheit, die die konkrete Situation in Ihnen auslöst, kreativ und kraftvoll ein, um Ihren eigenen Spielraum zu nutzen. Wie gesagt: Vorausgesetzt, dass Ihnen die Situation dies wert ist. Denn unsere Ressourcen sind begrenzt. Wir können nicht alle (empfundenen) Missstände im Leben aus eigener Kraft lösen. Aber wenn Sie das Gefühl haben, dass das Leben von Ihnen verlangt – um Ihrer Authentizität willen – dass Sie kämpfen, dann investieren Sie in die Kraft der Veränderung.

Achten Sie dabei auf ihre Empfindungen. Sollte Ihr Versuch, die Situation zu ändern, den Frust in Ihnen verstärken, dann sind Sie nicht in Ihren Angelegenheiten und Ihrem Spielraum. Wenn Sie Erleichterung verspüren und das Gefühl von Verbundenheit, dann ist dies das Zeichen dafür, dass Sie bei sich sind und die Energie in die richtige Richtung fließt.

Alleine das Gefühl von Erleichterung ohne das Gefühl von Verbundenheit mit dem Anderen zu spüren, kann ein Indiz dafür sein, dass Sie Ihren Spielraum auf Kosten des Anderen genutzt haben und sich als Sieger fühlen: „Ha! Dem habe ich es gezeigt!" Solch ein Triumphgefühl steht jedoch auf tönernen Füßen. Denn die „Rache" lässt meist nicht auf sich warten, was wiederum die Forderung in uns auslöst: „Das soll er nicht machen!" Und schon geht das ganze Spiel munter weiter.

Falls Sie das Gefühl haben, dass sämtliche Versuche, die Situation zu ändern scheitern und eine Veränderung nicht in Ihrem Ermessen liegt, dann stellen Sie sich die zweite Frage:

2. Schritt: Love it! – Kann ich die Situation liebevoll annehmen?

Für manche Situationen oder Zustände gibt es keine Lösung. Da hilft es auch nichts, immer wieder in Gedanken darum zu kreisen. Love it! bedeutet, in Beziehung zu bleiben mit dem Leben und der Situation. Es bedeutet, innerlich weich zu bleiben. Es bedeutet nicht, zu resignieren, abzustumpfen oder gleichgültig zu werden.

Wenn wir Love it! hören und an Liebe denken, dann entsteht oft das Bild von romantischen Gefühlen. Angesichts einer Leidsituation ist es jedoch in der Regel nicht möglich, ein Gefühl von Liebe zu entwickeln. So wie in dem Beispiel von Christoph, der meint: „Ich kann das Artensterben oder den Terrorismus doch nicht lieben." Wenn ich keine Möglichkeit habe, das Große und Ganze zu verändern, dann ist die zweite Option, die mir bleibt, das, was ist, zu bejahen. Es geht nicht darum, dieses immer gut zu heißen oder zu billigen! Vielmehr besteht die Herausforderung darin, innerlich den Widerstand gegen das Unveränderbare aufzugeben. Ansonsten vergrößert sich unterm Strich mein Leiden und auch das der Welt durch meine hilflose Ohnmacht nur noch mehr. Im Beispiel des Artensterbens oder des Terrorismus fällt es vielleicht sehr schwer, dem Ganzen einen Sinn zu geben. Es geht nicht darum, das, was ist, zu bewerten.

Eine der wichtigsten Erkenntnisse der Resilienzforschung (also der Forschung, die sich mit der Frage beschäftigt, was uns angesichts von Krisen psychisch widerstandsfähig bleiben lässt) ist, dass unser Wohlbefinden sehr stark abhängig ist, mit welcher Haltung wir dem unveränderbaren Teil des Lebens begegnen. Viktor Frankl, ein Psychologe, der das Konzentrationslager überlebt hat, schreibt: „Wir, die wir im Konzentrationslager gelebt haben, erinnern uns an diejenigen, die herumgingen, um andere zu trösten, und die ihr letztes Stück Brot hergaben. Es ist ein Beweis dafür, dass man einem Menschen alles wegnehmen kann, außer einer Sache: die Freiheit, die eigene Einstellung zu jeder gegebenen Situation selbst zu wählen."

In der Annahme des gegenwärtigen Augenblicks steckt der Beginn zur Aussöhnung mit der Realität. Bejahen zu können, was nicht zu ändern ist und darauf zu hoffen, dass es sich wandelt oder dass sich ein verborgener Sinn darin verbirgt, ist einer der wichtigsten Aspekte seelischer und geistiger Gesundheit. Und es ist der Kern des christlichen Glaubens: Wer das Leben in den zerplatzten Vorstellungen sucht, sein

Wunschbild von sich, vom Anderen oder vom Leben korrigieren lässt, der erfährt neue Kraft.

> „Was heißt Love it! in deiner konkreten Situation, Raphaela?", frage ich im Seminar. „Naja, in erster Linie natürlich, dass mein Nachbar die Sauna baut. Aber damit tue ich mich schon schwer."

Wenn der Verstand sagt: „Akzeptiere es!", das Herz aber nicht bereit dazu ist, dann steigt der Druck und die Unzufriedenheit noch mehr.

Wenn sich eine Situation nicht verändern lässt, können folgende Fragen dabei helfen, Klarheit zu gewinnen:

- Wie bedeutend ist die Situation auf einer Skala von 1 bis 10 für mich? Warum?
- Was spiegelt die Situation mir über mich und meine Lebenseinstellung wieder?
- Was genau ist mein Bedürfnis in der Situation? Kenne ich das aus anderen Situationen?
- Welche guten Seiten hat die Situation? Kann ich ihr irgendeinen Sinn abgewinnen?
- Kann ich meinen inneren Widerstand aufgeben und akzeptieren, dass die Realität stärker ist als mein Wunschdenken?
- Was hilft mir, in eine Haltung des Vertrauens zu gelangen?
- Wie kann ich die Situation als Lernerfahrung nutzen und daran wachsen?
- Wie kann ich lernen, die Situation weniger ernst zu nehmen?
- Worum kämpfe ich?
- Kann ich meine Emotionen und meine Hilflosigkeit annehmen?
- Kann ich die Situation abgeben an Gott oder eine höhere Macht?

Wir überlegen gemeinsam: Was bedeutet Love it! in der konkreten Situation? Und wir kommen auf mehrere Ideen – immer verbunden mit dem Auftrag an Raphaela, ehrlich in sich hineinzuhorchen, ob es ihr damit leichter wird.

- Sie kann versuchen, der Situation einen Sinn zu geben. Zum Beispiel den, dass ihr Nachbar dafür sorgt, dass sie nun ihren Garten umgestaltet.
- Sie kann sich fragen: Wie wichtig ist die Situation im Gesamten – auf einer Skala von 1 bis 10?
- Sie könnte dankbar für das Geschenk sein, dass sie die vergangenen Jahre Ruhe hatte und die Weite genießen durfte.
- Und sie kann versuchen, ihre Gefühle zu bejahen: Ihre Wut. Wenn sie eine Form findet, diese ins Fließen zu bringen (bspw. bei der Gartenarbeit, beim Sport, beim Meditieren), bindet sie nicht mehr so viel Energie.
- Wir können davon ausgehen, dass es zwei Arten von Menschen gibt, die uns im Leben begegnen: die einen, damit wir Spaß mit ihnen haben und die anderen, damit wir an ihnen wachsen. Wie kann Raphaela an der Situation mit dem Nachbarn wachsen?

3. Schritt: Leave it! – Kann ich die Situation verlassen?

Wenn die leidvolle Situation sich nicht ändern lässt und Sie diese auch nicht annehmen und bejahen können, dann bedeutet dies, dass Ihr Leidensdruck weiterhin bestehen bleibt.

Die dritte und letzte Option, den eigenen Freiraum zu gestalten, ist daher, die Situation zu verlassen, um das Leiden zu verringern. Diese dritte Option ist eine Art „Rettungsanker" und kommt dann in Betracht, wenn beide anderen Optionen nicht möglich sind. Wenn die Leave it!-Option zu schnell und zu oft gezogen wird, dann kann man innerlich nicht reifen. Aus jeder unangenehmen Situation zu gehen oder sich in den inneren Rückzug zu begeben, führt auf Dauer dazu, dass das Leben fade und schal wird. Stellen Sie sich eine Familie, ein Unternehmen oder eine Gemeinschaft vor, in der sich alle in einer Form des inneren oder äußeren Rückzugs befinden: Es fehlen die Lebendigkeit, das Wachstum und die Freude. Daher ist der letzte Schritt eine wichtige Option. Manchmal kann sie jedoch dazu verlocken, zu schnell die „Waffen" zu strecken. Zugleich ist es wichtig, sich die innere Freiheit zu geben, gehen zu können.

Wenn sich eine Situation also nicht verändern lässt, und Sie diese auch nicht anzunehmen vermögen, können folgende Fragen dabei helfen, Klarheit zu gewinnen:

- Wie kann ich dafür sorgen, der unerwünschten Situation nicht mehr zu begegnen?
- „Ich bin frei!" – kann ich mir das in dieser konkreten Situation zugestehen? Hilft es mir, mir den Freiraum zu gönnen: „Ich könnte die Situation verlassen!"?
- Was sind die Risiken, wenn ich die Situation verlasse und wie kann ich mit diesen umgehen?
- Welche Schritte sind dazu notwendig, die Situation zu verlassen?
- Worin besteht die Herausforderung für mich, wenn ich die Situation tatsächlich verlasse?

> „Was heißt Leave it! in deiner Situation, Raphaela?" – „Umzuziehen! Du wirst lachen, aber als unser Ärger am Größten war, haben wir uns dies wirklich überlegt. Aber nur eine kurze Zeit lang."

Zugleich heißt Leave it!, dem Ganzen nicht so viel Raum in sich zu geben und den Fokus auf andere Dinge zu richten. Dadurch verlässt Raphaela die Situation gedanklich und sie nimmt weniger Raum im Bewusstsein ein.

Am Ende des Seminars machen wir eine Runde, in der die einzelnen Teilnehmer ihre persönliche Entscheidung mitteilen, welche Option für sie in Frage kommt, die sie umsetzen werden.

> Margarita: „Ich werde in Zukunft meine Erwartungshaltung an meinen Chef reduzieren. Ich habe gemerkt, dass es meine Erwartungen an ihn und seinen Führungsstil sind, die in mir den Ärger auslösen. Ich spüre, dass es mir leichter wird, wenn ich ihn so annehme, wie er ist."

> Stefan: „Ich arbeite in einem Großraumbüro, was mich sehr stört. Den Arbeitsplatz wechseln (Leave it!) kommt für mich nicht in Frage. Ich habe beschlossen, mir mit Hilfe von Pflanzen und Bildern den Schreibtisch schöner zu gestalten und mir ab und zu – wenn ich mich sehr konzentrieren muss – Ohrenstöpsel gönnen." (Change it!)

> Conny: „Ich bin Sekretärin und jeder will immer nur kurz was von mir. Ich werde kommunizieren, dass ich ein Ampelsystem einführe. Gelb heißt: Nur in dringenden Fällen. Rot heißt: Jetzt nicht stören! Dann ist es für alle Kolleginnen und Kollegen klar kommuniziert." (Change it!)

Michaela: „Ich werde die Freundschaft beenden. Es war mir schon lange zu viel und ich hatte das ungute Gefühl, dass ich ausgenutzt werde. Ich werde Verantwortung für mich übernehmen und ihr einen Brief schreiben, in dem ich zum Ausdruck bringe, dass ich dankbar bin für unsere Freundschaft, dass aber nun ein Moment eingetreten ist, an dem ich für mich beschlossen habe, die Beziehung zu beenden. Das fühlt sich stimmig und gut an." (Leave it!)

Sven: „Ich werde nun aktiv auf meinen Chef zugehen und meine Gehaltsforderung stellen, anstatt immer darauf zu warten, dass er auf mich zukommt. Falls er ablehnt, weiß ich wenigstens, woran ich bin und kann dann neu entscheiden." (Change it!)

Hedwig: „Ich habe ja noch zwei Jahre bis zur Rente und die Arbeit kostet mich immer mehr Kraft. Mir tat ein Gedanke gut: Wenn ich bleibe, erhalte ich eine höhere Rente und es kostet mich vielleicht einen Teil meiner Frohnatur und Gesundheit. Wenn ich jetzt gehe, dann fühle ich mich frei und entspannt. Aber es kostet mich einen Teil meiner Rente. Wahrscheinlich werde ich bleiben und es ändert sich nichts. Aber innerlich fühle ich mich freier, weil ich eine Handlungsoption mehr habe." (Love it!, Leave it! – zumindest in Gedanken)

Steffi: „Ich häng mir ein Schild an die Bürotüre: ‚Wer nur kurz etwas braucht, der kann morgen wieder kommen.' Ich nehme es mit Humor und bin dankbar dafür, gefragt zu sein, anstelle mich darüber aufzuregen, dass alle etwas von mir möchten." (Love it!)

Zusammenfassung

Ausgehend von einer konkreten Situation können Sie in drei Schritten zu mehr Gelassenheit, Kraft und Lebendigkeit gelangen.
Nehmen Sie zunächst eine konkrete Situation in den Blick, an der Sie etwas stört oder ärgert, die Sie belastet oder Ihnen Sorge bereitet.

Nun können Sie sich fragen: In wessen Angelegenheit befinde ich mich gedanklich? Was löst dies aus an
- Gedanken
- Gefühlen
- Verhaltensweisen
- und weiteren Konsequenzen?

Wenn Sie sich im Spielraum einer anderen Person oder in der Angelegenheit Gottes befinden, dann merken Sie dies daran, dass Sie sich frustriert, ohnmächtig, einsam, schwer, traurig, ängstlich, empört, wütend etc. fühlen.

Diese Gefühle können Sie als „Anker" nutzen. Denn diese Gefühle weisen Sie darauf hin, dass Sie sich nicht bei sich, das heißt, in Ihrem Spielraum oder in Ihren eigenen Angelegenheiten befinden. Ihr Fokus ist auf die Störung gerichtet und nicht darauf, wie Sie selbst damit umgehen können.

Die drei folgenden Fragen führen Sie in Ihren eigenen Einflussbereich zurück und ermöglichen Ihnen, dass Sie sich in Ihren eigenen Angelegenheiten befinden.

1. Schritt: Change it! – Was konkret kann ich ändern?
2. Schritt: Love it! – Das, was ich nicht ändern kann: Kann ich liebevoll annehmen, bejahen oder auch an eine höhere Macht abgeben?
3. Schritt: Leave it! – Wenn ich es nicht ändern kann und auch nicht bejahen kann, dann bleibe ich im Leiden. Daher lautet die dritte Frage: Wo werde ich die Situation verlassen und einen Schlussstrich ziehen (und sei es nur gedanklich)?

Je nach Situation kann manchmal auch das Love it! der erste Schritt sein, bevor es an das Change it! geht. Beginnen Sie je nach Anlass mit der Frage, die für Sie zielführender und stimmiger ist.

Die drei Angelegenheiten und mein persönlicher Spielraum:

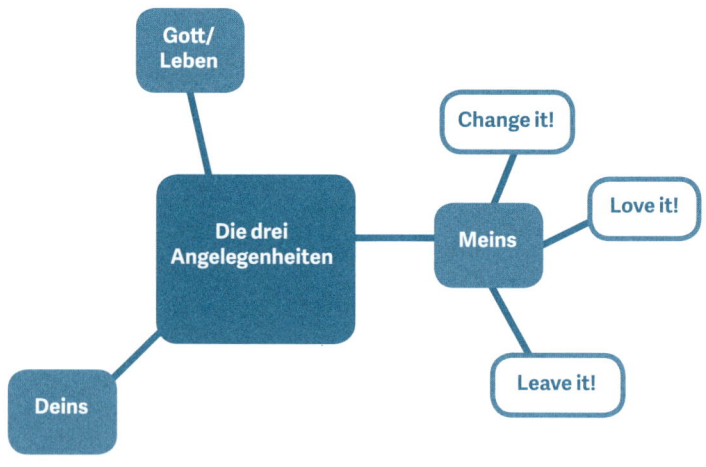

Rettungsanker im Alltag

„Ich wäre gerne souveräner in manchen Situationen", klagt Petra. „In welchen Situationen wärst du gerne souveräner?" – „Es passiert mir immer noch, dass mich bestimmte Personen im beruflichen Umfeld treffen können. Vor allem dann, wenn mir ein Fehler unterläuft." Ich frage Petra: „Fällt dir ein konkretes Beispiel dazu ein?" – „Ja!", erzählt sie. „Mir kommt eine Situation von vor zwei Tagen in den Sinn. Da habe ich vergessen, wichtige Unterlagen, die auf meinem Schreibtisch lagen, weiterzuleiten. Aufgrund meines Fehlers verzögerte sich das gesamte Projekt um eine Woche." – „Was löst solch ein Missgeschick in dir aus?", frage ich Petra weiter. „Ich bekomme ein furchtbar schlechtes Gewissen, und ich schäme mich gegenüber den Kollegen, die meinen Fehler mitbekommen. Es fühlt sich an, als würde mir der Boden unter den Füßen weggezogen."

Die drei Spielräume: Welche Gefühle füttere ich?

„Was wünschst du dir in diesem Moment?" – „Zunächst, dass mir so etwas nicht passiert. Und falls doch, dass ich dann souverän bleibe! Wie kann ich souverän bleiben?" – „Was löst der Gedanke, souverän bleiben zu wollen in solchen Momenten in dir aus? Macht er es dir leichter oder schwerer?" – „Schwerer." – „Dann liegt es daran, dass du einen Anspruch an dich hast, dem du nicht nachkommen kannst. Das erhöht den Druck."

Die Realität ist stärker als Petras Wunschdenken. Sie befindet sich gedanklich nicht in ihrer eigenen Angelegenheit sondern in der Angelegenheit des Lebens.

Wenn sie sich über ihre Kolleg*innen aufregt und die innere Forderung mit sich herumträgt: „Hört auf, mich zu kritisieren!", dann befindet sich Petra gedanklich in den Angelegenheiten ihrer Kollegen. Selbstverständlich ist ihr Wusch nachvollziehbar. Es geht jedoch um die Frage: wo endet mein Einflussbereich? Und dieser endet an der Freiheit des Anderen – diese ist sein Spielraum.

In drei Schritten zu mehr Gelassenheit

1. Schritt: Change it

„Wenn wir uns in diese Situation hineinversetzen, und du gerade erfährst, dass dir ein Fehler unterlaufen ist: Wie geht es dann weiter?" – „Vorgestern war es so", erzählt Petra, „dass ich drei Anschlusstermine hatte. Ich war zwar körperlich anwesend, aber mein Kopf war noch ganz gefangen von dem Fehler, der mir zuvor unterlaufen ist."

Da sich akute Störungen und Stressmomente nicht immer abstellen lassen, lautet die Frage:
- Wie schaffen Sie es, auch in turbulenten Stressphasen oder in Situationen, die verletzen, einen kühlen Kopf zu bewahren?
- Was können Sie tun, wenn Sie eine Situation Kraft kostet, die Sie eigentlich für etwas Anderes viel nötiger hätten?

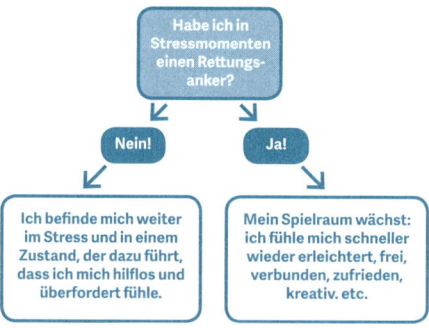

Es ist realistisch, dass es Momente gibt, die uns treffen und verletzen. Die Frage ist nur, wie viel Energie und Zeit wir benötigen, wieder in unsere Mitte zu gelangen. Je nachdem, wie stark die Emotionen sind, dauert es einige Minuten, Stunden oder gar Tage, bis wir sie überwunden haben. Wir können uns jedoch „Rettungsanker" schaffen, die uns dabei unterstützen in solchen Momenten schneller wieder im Hier und Jetzt und bei uns anzukommen.

> Ich frage Petra weiter: „Wenn es dir in solchen Momenten wie vor zwei Tagen den Boden unter den Füßen wegzieht, was könnte dir helfen, wieder ein Fundament zu finden? Gibt es beispielsweise...
> ... einen Satz oder ein Bild,
> ... eine Person, die du dir vor Augen führst
> ... oder ganz einfach ein Ritual?"
> „Was würde dir in diesem Moment konkret helfen?" – „Ich habe mal eine Zeit lang Atemübungen gemacht. Das tat mir gut. Wenn ich tief durchatme, dann verkrampfe ich nicht so sehr. Aber ich glaube nicht, dass ich mich in solchen Momenten daran erinnere und es umsetzen kann." – „Ohne Übung überforderst du dich damit komplett, es in Stresssituationen umsetzen zu können. Das ist, wie wenn ein Sportler nicht trainiert und dann in ein Spitzenspiel geht. Das kann nicht gut gehen. Gewisse Automatismen – und darum geht es in solchen Situationen – müssen trainiert werden, damit sie in solchen Momenten greifen. Das geht also nur, wenn du es in ruhigen Zeiten einübst und dann darauf vertraust, auf diese Ressource zurückgreifen zu können, wenn du es benötigst. Wenn du also Atemübungen machst, dann kannst du dir die Momente vorstellen, die dich belasten und auch, wie du dann aufatmen kannst. Hier stimmt das Sprichwort: Übung macht den Meister."

2. Schritt: Love it!

Wenn wir etwas erleben, das uns im Innersten trifft, dann werden alte Emotionen wach gerufen. Sie sind deswegen „alt", weil sie in den meisten Fällen nicht zum ersten Mal auftreten, sondern uns bekannt sind. Wenn wir als Kind etwas „falsch" gemacht haben und geschimpft wurden, dann fühlten wir uns in unserem Selbstwertgefühl unmittelbar getroffen. Wir haben meist im Laufe der Zeit einen Umgang mit diesen starken Emotionen gelernt, der oft darin besteht, diese nicht mehr spüren zu wollen und zu verdrängen. Jetzt, im Erwachsenenalter, melden sie sich wieder, wenn wir in vergleichbare Situationen geraten und kritisiert werden.

Mit jeder Situation, in der das Alte in uns wachgerufen wird, lädt uns das Leben ein, uns damit auseinander zu setzen, damit es heilen kann. Wir haben die Freiheit, es zu verdrängen. Wir können uns aber auch darauf einstellen, dass es wiederkommt. Denn alles was uns trifft, be-trifft uns und hat mit uns selbst zu tun.

> „Hilft dir das, die Situation besser annehmen zu können?", frage ich Petra. „Was mich tröstet ist, dass es normal ist und anderen auch so geht. Was mir auch gut tut ist, dass etwas heilen will, wenn ich in solchen Situationen leide. Das verändert für mich schon auch etwas. Ich weiß nur nicht, ob ich mich daran immer erinnern kann." – „Das ist realistisch und auch das kann Teil des Love it! sein. Denn es gehört zum Leben, dass wir von Zeit zu Zeit den Überblick verlieren und in alte Muster zurückfallen. Aber bei allen Rückschlägen geht das Leben im Endeffekt doch nach vorne und entwickelt sich."

3. Schritt: Leave it!

„Hast du einen Rückzugsraum für solche Momente, in denen dich etwas trifft?" – „Bei uns gibt es einen Pausenraum, von dem aus man einen wunderschönen Blick hat. Manchmal stehe ich am Fenster und schaue hinaus. Das tut mir gut. Da kann ich in kurzer Zeit innerlich auftanken. Aber ich kann ja nicht einfach den Raum verlassen und zum Fenster hinausschauen. Was denken denn die anderen?" – „Wenn wir von einem Rettungsanker sprechen, dann meine ich auch einen Rettungsanker. Es ist für den Akutfall gedacht. Und im Akutfall den Raum zu verlassen, um dich nicht zu verlieren, hat für den weiteren Verlauf des Tages einen großen Einfluss. Hättest du Durchfall, würdest du sicherlich nicht zögern und die Toiletten aufsuchen, oder? Dann wäre die Toilette dein Rettungsanker."

„Wie lange schaust du denn zum Fenster hinaus?" – „Vielleicht eine Minute. Höchstens." – „Welche Gedanken kommen dir, wenn du zum Fenster hinaus schaust?" – „Hm. Mir tut es gut, in die Weite zu blicken und ich denke mir dann so etwas wie: Es gibt noch etwas anderes als die Arbeit. Das hier ist nicht alles!" – „Ist es für dich eine realistische und umsetzbare Möglichkeit, dass du in diesen Momenten den Raum verlässt, im Pausenraum zum Fenster hinaus blickst und dir dabei sagst: Es gibt noch etwas anderes als die Arbeit. Dies hier ist nicht alles!" – „Wahrscheinlich ist es besser, als zu bleiben und mich anschließend durch den Tag zu schleppen." – „Gibt es noch etwas, was dir in diesem Moment gut tun würde?" – „Mir fällt nichts mehr ein."

Rettungsanker

Wir erfahren die Welt über unsere Sinne. Wenn wir einen als negativ erlebten Zustand verbessern möchten, dann geht dies über die sinnliche Ebene.

Sinnliche Ebene	Zugang	Im Beispiel von Petra
Visuell (sehen)	Ein inneres oder äußeres positives Bild, das in die Weite führt.	→ Zum Fenster hinausschauen → Ein Blick in die Natur → Ein Photo oder ein schönes Bild → Die Familie oder einen schönen Ort innerlich visualisieren
Auditiv (hören)	Einen Satz innerlich vorsagen. Dieser Kraftsatz ist ein Gegengewicht zum destruktiven Antreibersatz.	„Es gibt noch etwas Anderes!" „Ich bin im Frieden." „Ich bin sicher." „Das ist deins."
Kinästhetisch (fühlen)	Den Körper wieder spüren, ins Fühlen kommen.	→ Den Raum verlassen → Den Stand bewusst wahrnehmen → Tief durchatmen und dabei die Hand auf den Bauch legen → Die Hände kneten oder durchschütteln → Einen Wutball kneten → Papier zerknüllen → Treppen steigen
Olfaktorisch (riechen)	Gerüche haben eine direkte Wirkung auf das Gehirn und können positive Erinnerungen wecken.	→ Duft von frischem Kaffee oder heißem Tee → Parfum → Frische Luft
Gustatorisch (schmecken)	Etwas genüsslich essen. Das erdet.	→ Ein kleiner Genuss → Obst

Ausgehend von einer belastenden Situation können Sie die rechte Spalte mit Ihren eigenen sinnlichen Rettungsankern füllen: Was hilft Ihnen?

Eine andere Teilnehmerin, Carola, berichtet von ihrem persönlichen Rettungsanker: „Wenn mir etwas zu nahe geht, dann suche ich nach einem Rückzugsort und schließe die Augen. Dabei habe ich seit längerem ein inneres Bild, dass dann auftaucht: Ich stelle mir mein Gartenhäuschen vor, das umgeben ist von einer Wiese. Diese Wiese ist umschlossen von einem Zaun. Alles, was mich von außen bedroht, wird vom Zaun aufgehalten. Wenn ich mir vorstelle, dass ich in meinem Gartenhäuschen sitze, dann fühle ich mich sicher und habe Raum zum Aufatmen. Dort kann mich nichts bedrohen. Manchmal stelle ich mir vor, wie ich in meinem Häuschen sitze und ins Gespräch komme mit einer Person, der ich voll und ganz vertraue."

Karsten hat für sich im Laufe der Zeit einen wirkungsvollen Anker gefunden. Wenn er aus einer Begegnung geht, die ihm nicht gut getan hat, dann stellt er sich das Negative, das er aus dieser Begegnung mitgenommen hat, wie ein dunkles Paket vor. „Dieses Paket entsorge ich dann, indem ich es in einen imaginären Mülleimer werfe. Mir hilft dieses Bild, um der Negativität eine Form zu geben und mich dann wieder davon befreit zu fühlen."

Wenn bei Stefania die Emotionen hochkochen, dann tut es ihr gut, Dampf abzulassen. Beliebtes Mittel dabei war für sie das Lästern: „Das mag zwar niemand, aber so gut wie jeder tut es", meint sie. Das Problem beim Lästern: man ist gedanklich nur beim Anderen und baut die negative Energie nicht ab. Im Gegenteil: Diese nimmt durch das Lästern noch mehr zu. Die Lösung für Uli: ein ‚KK'. „Wenn ich mies drauf bin, dann frage ich eine Kollegin, ob sie Zeit für einen ‚KK' hat: einen ‚Kotzkaffee'. Wir nehmen uns eine Tasse Kaffee und gehen raus. Und dann darf ich bei ihr Dampf ablassen. Sie hört zu, gibt mir keine Tipps (das kann ich gar nicht haben) und macht auch nicht mit. Sie hört nur zu. Und – das ist mir ganz wichtig – das, was gesprochen wurde, vergessen wir beide danach wieder. Man wird also nicht am nächsten Tag darauf verpflichtet: ‚Aber gestern hast du doch gesagt, dass…'. Dadurch kann ich meinen Ärger verarbeiten. Ist der Kaffee leer, geht's weiter mit der Arbeit!"

Sabine berichtet: „Ich mache seit einiger Zeit Autogenes Training. Wenn ich nachts aufwache und nicht mehr schlafen kann, weil die Gedanken in mir kreisen, dann hilft mir das autogene Training, um wieder zur inneren Ruhe zu kommen. Das erdet mich und beruhigt meinen Geist."

Und Claudia erzählt: „Mir hilft das Lied ‚Sowieso' von Mark Forster. Der Text geht so: ‚Egal was kommt, es wird gut, sowieso. Immer geht 'ne neue Tür auf, irgendwo. Auch wenn's grad nicht so läuft, wie gewohnt. Egal, es wird gut, sowieso!' Wenn ich dieses Lied innerlich singe, dann gehe ich auch schon viel beschwingter den Flur entlang."

Ein wirkungsvoller Anker in Stresssituationen:

S-E-K-T

Die Übung *S-E-K-T* besteht daraus, in vier Schritten die Herausforderung zu meistern:

Stopp! – Ich unterbreche innerlich die Situation und trete in Gedanken (oder real) einen Schritt zurück, um einen klaren Überblick zu bekommen über das, was mich im Moment herausfordert. Ein inneres STOPP!

hilft mir dabei, mich daran zu erinnern, dass ich nicht Spielball der Situation bin.

Einatmen! – Ich atme tief durch! Das lockert die Muskulatur und entspannt. Damit signalisiere ich meinem Unbewussten: Keine Gefahr! Einmal tief Luft holen hilft, in stressigen Momenten einen klaren Kopf zu bewahren.

Konzentration! – Was ist im Hier und Jetzt das Wichtigste? Ich konzentriere mich jetzt und agiere Schritt für Schritt! Vielleicht hilft eine Art Mantra, wie bspw.: „Nach 1 kommt 2" oder „In der Ruhe liegt die Kraft!" oder „Ich bin Herr der Lage!" Ein kurzer Moment des Innehaltens, des bei-mir-Ankommens verhindert, dass ich mich verliere.

Tun! – Das, was jetzt dran ist, gehe ich aktiv an. Kann ich die Situation aktiv gestalten und verändern? Gilt es, standhaft zu bleiben und die Situation auszuhalten? Oder setze ich eine klare Grenze und trete für mich ein, indem ich die Situation verlasse?

Jesus als Rettungsanker: Der Sturm auf dem See (Mk 4,35–41)

Am Abend dieses Tages sagte er zu ihnen: Wir wollen ans andere Ufer hinüberfahren. Sie schickten die Leute fort und fuhren mit ihm in dem Boot, in dem er saß, weg; und andere Boote begleiteten ihn. Plötzlich erhob sich ein heftiger Wirbelsturm und die Wellen schlugen in das Boot, sodass es sich mit Wasser zu füllen begann. Er aber lag hinten im Boot auf einem Kissen und schlief. Sie weckten ihn und riefen: Meister, kümmert es dich nicht, dass wir zugrunde gehen? Da stand er auf, drohte dem Wind und sagte zu dem See: Schweig, sei still! Und der Wind legte sich und es trat völlige Stille ein. Er sagte zu ihnen: Warum habt ihr solche Angst? Habt ihr noch keinen Glauben? Da ergriff sie große Furcht und sie sagten zueinander: Wer ist denn dieser, dass ihm sogar der Wind und das Meer gehorchen?

Wenn wir das Evangelium vom Sturm auf dem See übertragen in Momente, in denen die Stürme des Lebens über uns hereinbrechen, dann lautet die Botschaft: Inmitten der Hektik und inmitten der Herausforderungen unseres Lebens gibt es einen inneren Raum, über den der Sturm keine Macht besitzt. Wenn wir uns vorstellen, dass es diesen Ort des Friedens in uns gibt, an dem der göttliche Ruhepol auch in uns gegenwärtig ist, dann verlieren die Stürme des Lebens an Bedrohlichkeit. Es kann ein mächtiger Rettungsanker sein, darauf zu vertrauen, dass das Göttliche uns diese Vollmacht über die Stürme des Lebens schenkt. Wenn die Gedanken und Gefühle über uns zusammenschlagen, dann lautet das Machtwort: „Schweig! Sei still!" Wenn wir in Kontakt mit diesem Wort und dem Bild vom gebietenden Jesus kommen, dann kann in uns Stille eintreten.

Die 20 Bewerbungen

„Mich belastet im Moment, dass ich keinen Job finde", erzählt Nancy. „Ich habe zwei Jahre lang meine Eltern gepflegt und war in dieser Zeit zu Hause. Jetzt, wo sie verstorben sind, möchte ich wieder zurück in den Beruf. Aber das ist gar nicht so einfach, wieder unter zu kommen. Ich habe mich mittlerweile schon bei über 20 Firmen beworben aber bislang immer eine Absage erhalten."

Die drei Spielräume: Welche Gefühle füttere ich?

Ich frage sie, was das Ganze in ihr auslöst. „Ich bin langsam echt verzweifelt und natürlich steht es nicht zum Besten mit meinem Selbstwertgefühl. Von Absage zur Absage sinkt die Hoffnung und die Gewissheit, eine Stelle zu bekommen. Was mich besonders frustriert ist die Tatsache, dass viele Firmen mittlerweile Personalagenturen engagiert haben, die die Personalauswahl vornehmen. Das heißt, dass ich Absagen erhalte, ohne dass mich jemand von der Firma direkt kennengelernt hat. Das finde ich echt ärgerlich."

In drei Schritten zu mehr Gelassenheit

1. Schritt: Change it!

„Was hast du schon alles unternommen, um die Situation zu ändern?", frage ich Nancy. Sie überlegt. „Ich habe schon einiges versucht. Zum Beispiel habe ich mich beraten lassen, wie man Bewerbungen schreibt und ein Bewerbungstraining besucht. Ich informiere mich auch vor den Gesprächen im Internet über die Firmen. Also ich habe wirklich keine Idee mehr, was ich noch tun kann, um endlich Erfolg zu haben. Das Einzige wäre, dass ich mich in einem anderen Bereich bewerbe. Es gibt natürlich andere Berufsfelder, in denen meine Chancen größer stünden. Aber ich möchte zurück in die Verwaltung. Das macht mir Spaß und ist genau mein Ding. Davon bin ich überzeugt."

2. Schritt: Love it!

"Wie viele bewerben sich denn im Schnitt auf eine Stelle, auf die du dich bewirbst?", frage ich weiter. "Im Schnitt sind es ca. 50 Bewerbungen auf eine Stelle." – "Das heißt: Durchschnittlich musst du dich fünfzig Mal bewerben, um Erfolg zu haben. Wenn du dich bislang auf zwanzig Stellen beworben hast, auf die sich jeweils rund 50 Leute bewerben, dann bist du noch voll im grünen Bereich. Man könnte es also auch so sehen: Mit jeder Absage kommst du deinem Ziel näher!" Nancys Miene hellt sich mit einem Mal auf und sie schaut mich mit großen Augen an. "So habe ich das ja noch gar nicht gesehen. Du meinst also, dass mit jeder Absage die Chance nicht geringer wird sondern größer? Das ist ein völlig neuer Gedanke für mich."

Dieses Beispiel zeigt, dass Love it! nichts mit reinem positiven Denken zu tun hat im Sinne von: "Das wird schon noch werden!" Love it! kann – wie im Beispiel von Nancy – bedeuten, einen anderen Blickwinkel einzunehmen und dem Ganzen einen völlig neuen Sinn zu geben.

"Wie geht es dir jetzt mit diesem Gedanken?", bin ich neugierig. Nancy bestätigt mit einem Lächeln: "Naja, es fühlt sich motivierend an und irgendwie fühle ich mich besser. Die Selbstzweifel sind jetzt nicht mehr so präsent wie zuvor. Und ich freue mich schon auf die nächste Absage", sagt sie mit einem Augenzwinkern.

3. Schritt: Leave it!

„Die letzte Option, die sich dir formal bietet, ist Leave it! Was bedeutet dies für dich?" – „Das hieße, mich nicht mehr zu bewerben. Zumindest nicht mehr in der Verwaltung. Das habe ich mir natürlich auch schon überlegt. Ungefähr nach der zehnten Absage hatte ich wirklich keine Lust mehr auf Bewerbungen, das kannst du dir ja vorstellen. Aber jetzt ist Leave it! keine Option mehr für mich. Jetzt bin ich motiviert und spüre Rückenwind."

Das ungespülte Geschirr

„Ich ärgere mich über meine Kollegen und darüber, dass sie keine Absprachen einhalten", erzählt Marianne. „Worüber ärgerst du dich denn konkret?", frage ich sie. „Ein Beispiel ist unsere Teeküche. Immer wieder, wenn ich diese betrete, steht ungespültes Geschirr herum. Und das stört mich." – „Hast du denn schon versucht, dagegen etwas zu unternehmen?" – „Oh ja! Schon mehrmals. Ich habe in den Dienstbesprechungen das Ganze thematisiert und auch Aushänge in der Teeküche gemacht, dass jeder sein Geschirr gleich spülen soll. Aber scheinbar sind meine Kollegen blind oder können nicht lesen. Jedenfalls fühlt sich niemand so richtig verantwortlich für das Geschirr." – „Und wer räumt das Ganze dann weg?" – „Na, ich halt – meistens zumindest!" – „Dann haben deine Kollegen ja alles richtig gemacht! Warum sollen sie auch etwas ändern? Solange du das benutzte Geschirr spülst, sehen die anderen keine Notwendigkeit, etwas zu ändern. Oder?" – „Hm…"

Die drei Spielräume: Welche Gefühle füttere ich?

„In wessen Angelegenheit befindest du dich?" – „In meinen, oder? Ich fühle mich nicht respektiert. Wenn meine Kollegen wissen, dass mir Sauberkeit wichtig ist, warum unterstützen Sie mich dann nicht?" – „Wie fühlt es sich an, wenn du in die Teeküche kommst, und das Geschirr ungespült da stehen siehst?" – „Ich ärgere mich! Und bin echt frustriert. Irgendwie fühle ich mich auch persönlich getroffen. Weil die anderen ja wissen, dass es mir wichtig ist. Ich fühle mich nicht ernst genommen." – „Diese Gefühlslage ist ein deutliches Indiz dafür, dass du dich nicht in deinem eigenen Spielraum befindest, sondern in dem deiner Kollegen."

Mariannes Forderung lautet: „Spült das Geschirr!" Wenn ihre Kolleg*innen ihr den Gefallen tun und das Geschirr spülen, geht es ihr gut und sie spürt ihren Einfluss. Tun sie es jedoch nicht, geht es ihr schlecht. Sie möchte die Situation ändern, wartet aber darauf, dass die anderen mitziehen.

> „Wenn du etwas an der Situation ändern möchtest, dann musst du dich darum kümmern. Es ist deine Angelegenheit. Jetzt können wir also schauen, was es dir leichter macht."

In drei Schritten zu mehr Gelassenheit

1. Schritt: Change it!

„Du hast ja berichtet, dass du schon einige Versuche unternommen hast, etwas zu ändern. Allesamt nicht erfolgreich. Was kannst du also noch machen?" – „Naja, ich könnte mich natürlich so verhalten wie meine Kollegen und das schmutzige Geschirr ignorieren." – „Das ist eine naheliegende Option. In dem Moment, in dem du das Geschirr nicht mehr spülst, verändert sich die Situation und alle sind herausgefordert, gemeinsam zu überlegen, wie es weitergehen kann mit dem Geschirr. Aber wie geht es dir damit?" – „Damit fühle ich mich auch nicht gut. Mir ist die Sauberkeit wichtig. Und irgendwie fühle ich mich auch dafür verantwortlich."

2. Schritt: Love it!

Was bedeutet Love it! angesichts der Situation mit dem Geschirr? Wir überlegen gemeinsam. Eine Option besteht darin, bewusst die Verantwortung für die Teeküche zu übernehmen. „Wenn du dich für die Situation verantwortlich fühlst, könntest du voller Hingabe ‚ja' zur Situation sagen und den inneren Widerstand aufgeben. Kannst du dir innerlich sagen: Ich übernehme die Verantwortung für das Geschirr, das nicht gespült wurde. Weil es mir wichtig ist, mache ich es?" – „Irgendwie fühlt sich das nach einer Niederlage an."

Die spontane Reaktion von Marianne zeigt, dass aus dem Geschirr ein Machtkampf entstanden ist. Es geht nicht mehr nur um die Sache, sondern auch um die Frage: Wer bin ich für euch, dass ihr mich nicht ernst nehmt? Dass Marianne darin einen Machtkampf sieht, ist ihre Angelegenheit. Die Anderen interpretieren dies sehr wahrscheinlich nicht so.

„Wie lange dauert es, das Geschirr zu spülen?" – „Na ja, vielleicht maximal fünf Minuten." – „Okay, es dauert fünf Minuten, das Geschirr zu spülen. Wie lange beschäftigst du dich mit dem ungespülten Geschirr in Gedanken? Wie viel Energie und Aufmerksamkeit bindet das Geschirr?" – „Natürlich weit mehr als diese fünf Minuten, die es brauchen würde, um das Geschirr zu spülen." – „Also würdest du, solltest du das Geschirr in Zukunft spülen und die Verantwortung dafür übernehmen, nicht deinen Kollegen einen Gefallen tun, sondern dir selbst. Du würdest das Geschirr nicht länger mit dir herumtragen." „Wenn du das Geschirr spülst, trägst du es also nicht mehr mit dir herum. Du hast allerdings noch eine dritte Option. Leave it!"

3. Schritt: Leave it!

„Du meinst, ich betrete einfach unsere Teeküche nicht mehr?" – „Ja. Oder zumindest, dass du deinen Focus versuchst, auf etwas anderes zu richten. Das, worauf wir blicken, nimmt in der Regel auch Raum in unserem Inneren ein. Wenn du versuchst, deine Aufmerksamkeit auf etwas anderes zu richten, wird das Geschirr an Bedeutung verlieren."

Marianne könnte die Situation so annehmen wie sie ist und den Blick auf andere Bereiche lenken. In der Regel ist es im Leben so, dass das, was uns ärgert und sich nicht ändert, immer mehr Raum in uns einnimmt.

„Du hast ja gesagt, dass du dich getroffen fühlst, weil du dich nicht unterstützt fühlst. Wenn du deine Aufmerksamkeit darauf richtest, in welchen Situationen deine Kollegen dich unterstützen oder dir zeigen, dass dein Beitrag wertvoll ist, relativiert sich das ungespülte Geschirr eventuell." – „Vielleicht habe ich mich in der vergangenen Zeit zu stark auf das Geschirr konzentriert. Das kann schon sein", überlegt Marianne.

Fazit

„Okay! Ich werde mir nochmals Gedanken machen. Wenn ich meinen inneren Schweinehund überwunden habe, kann ich es vielleicht bejahen, diesen Dienst zu übernehmen; für die anderen und auch für mich." – „Das Entscheidende ist, dass du dich dann leichter fühlst und verbunden mit dir, den Anderen und dem Leben. Dass du es also nicht in einer Art Opferhaltung spülst so nach dem Motto: ‚Ich bin halt der Depp, der hier diesen Dienst übernimmt!', sondern in innerer Gelassenheit. Solange ein Rest Widerstand in dir existiert, wird es dich weiterhin Kraft kosten. Schaue also, ob deine Entscheidung es dir leichter macht."

Frage: Gibt es Situationen, mit denen Sie ein Problem haben, andere aber nicht? Was hilft Ihnen, in Ihren Spielraum zu gelangen?

Die globale Umweltverschmutzung

Paul berichtet: „Ich leide unter der globalen Umweltverschmutzung. Ich finde es furchtbar. Gestern habe ich eine Dokumentation gesehen, in der es um die Verschmutzung der Meere mit Plastikmüll ging. Manche Meeresregionen sind dermaßen vollgemüllt, dass immer mehr Arten dadurch sterben. Ich finde es furchtbar, dass das so ist und dass die Politik nichts dagegen tut!" Als Paul geendet hat, fangen die anderen in der Runde an, über die globalen Katastrophen zu diskutieren. Die Zukunftsprognosen des Planeten werden als sehr düster eingeschätzt. Dem entsprechend verdüstert sich auch die aktuelle Stimmungslage im Raum.

Wer auch nur ein einziges Leben rettet, rettet die ganze Welt.
(Jüdischer Talmud)

Frage: Mit Blick auf globale Herausforderungen und Krisen: Was belastet Sie? Und welche Gedanken und Gefühle löst es in Ihnen aus?

Die drei Spielräume: Welche Gefühle füttere ich in mir?

„Was löst das Ganze bei euch aus?" Paul antwortet: „Ich fühle mich irgendwie ohnmächtig! Ich habe das Gefühl, nichts dagegen tun zu können." Andere ergänzen: „Ich bin in erster Linie wütend auf diejenigen, die die Erde aus reiner Profitgier skrupellos ausbeuten." – „In welchem Spielraum befinden wir uns im Moment?", frage ich in die Runde. Die spontane Antwort: „Wir befinden uns natürlich nicht in unseren Spielräumen. Das ist doch klar. Wir haben ja auch gar keinen Einflussbereich!" Und Paul ergänzt: „In diesem Fall ist es doch wirklich so. Ändern kann ich es nicht, lieben schon gar nicht und verlassen auch nicht. Da habe ich keine Option. Das ist ja das Frustrierende an der ganzen Sache."

> **Wo Gott dich hingesät hat, da sollst du blühen.**
> **(Afrikanisches Sprichwort)**

Wir leben in einer Zeit, in der Katastrophen und Krisen in der Welt durch die Medien direkten Zugang in unser Wohnzimmer erhalten haben. Dadurch sind wir vielleicht so sehr wie nie zuvor herausgefordert, ein Gefühl für unseren eigenen Spielraum und Einflussbereich zu entwickeln. Denn je mehr wir uns mit globalen Ereignissen beschäftigen, desto größer ist die Gefahr, ein Gefühl von Ohnmacht zu entwickeln. „Wer bin ich schon? Ich kann doch nichts ausrichten gegenüber der Übermacht des globalen Geschehens!" Je mehr wir uns mit diesen Geschehnissen über Internet, Funk und Fernsehen oder auch Zeitungen konfrontieren, desto größer wird der Raum, den das große Ganze in uns einnimmt. Es ist also nachvollziehbar, das Gefühl zu bekommen, dass alles immer schlimmer wird und man selbst nichts dagegen ausrichten kann. Doch damit verstärken wir die mentale „Umweltverschmutzung" in uns selbst.

1. Schritt: Change it

„Du leidest unter der globalen Umweltverschmutzung. Kannst du etwas dagegen machen?", frage ich Paul. „Nein. Daran kann ich nichts ändern! Ich würde ja gerne, aber es liegt nicht in meiner Hand", meint Paul. „Hast du wirklich keinen Spielraum?", frage ich ihn. „Naja", meint Paul, „ich selbst kann natürlich schon versuchen, auf Plastik zu verzichten." – „Zum Beispiel. Sammeln wir noch weitere Ideen."

Als wir gemeinsam überlegen, was alles in unserem Spielraum liegt, um die Welt im Kleinen etwas besser zu machen, kommen uns eine ganze Reihe an Ideen:
- Eine Patenschaft übernehmen für ein Kind in Not.
- Bio-Produkte oder regionale Produkte einkaufen.
- Sich ehrenamtlich vor Ort engagieren.
  Bspw. im Tafelladen oder im Diakonieladen.
- Geld spenden an Hilfsorganisationen.
- Einer Menschrechts-, oder Umweltorganisation beitreten.
- Alte oder kranke Menschen besuchen.
- Öffentliche Verkehrsmittel benutzen.
- Einen Stromanbieter wählen, der Öko-Strom produziert.
- Eine Ehrenamtsbörse aufsuchen.
- Sich zum Geburtstag Geld schenken lassen,
  das man anschließend spendet.

Je mehr wir uns – angesichts der Übermacht der Problematik – auf unseren Spielraum fokussieren und darauf, was wir selbst schon tun und tun können, desto mehr wächst das Gefühl für den Einfluss, den wir selbst in der Hand haben. Wenn wir auch nicht die Welt retten können, so können wir doch im Kleinen ein Zeichen setzen.

2. Schritt: Love it!

„Also die Umweltverschmutzung zu lieben – das ist nun wirklich zu viel verlangt. Das halte ich fast schon für Weichspülerei", wehrt sich Paul.

Ein wesentlicher Schritt ist, sich auf den eigenen Spielraum zu fokussieren und darauf zu achten, was man selbst im Kleinen tun kann. Dadurch wächst so das Gefühl, einen Einfluss zu haben. Wenn es um

Love it! geht, bedeutet dies nicht, die Umweltverschmutzung, den Terrorismus, die Elefantenjagd, etc. zu billigen oder gutzuheißen.

Love it! kann einerseits bedeuten, den eigenen Schmerz in den Blick zu nehmen, der durch das Geschehene in mir ausgelöst wird. In dem Maße, in dem dies gelingt, fühle ich mit, bleibe lebendig und verbunden mit der Welt. Das Gegenteil wäre, mit der Zeit zu verhärten und selbst Teil des Destruktiven zu werden. Denn je mehr wir uns auf das Dunkle konzentrieren, desto dunkler wird es in uns. Dazu kommt, dass man nur noch an das Schlechte im Menschen glaubt und das Gute nicht mehr sieht, das, sehr viel unscheinbarer und unaufdringlicher, in der Welt ebenso vorhanden ist.

Es ist eine Angewohnheit unseres Geistes, dem Dunklen und Destruktiven weit mehr Raum zu geben als dem Lichtvollen und Positiven. Deshalb muss man sich immer wieder dazu entscheiden, dass Positive, Lichtvolle zu suchen.

Love it! kann bedeuten, viel in die Natur zu gehen und diese achtsam wahrzunehmen. Denn die Natur zeigt uns, dass das allermeiste in dieser Welt in Ordnung ist. Jedes Blatt, jeder Grashalm, jede Schneeflocke ist Ausdruck einer vollkommenen Ordnung. Durch die Änderung des Blickwinkels wird deutlich, dass unsere Wahrnehmung einseitig gelenkt wurde durch die Berichterstattung.

Love it! kann in diesem Fall aber auch noch bedeuten, die eigene Betroffenheit abzugeben an eine höhere Macht. Wir können das Ganze nicht überblicken. Im Gebet können wir in Form von Bitte oder Klage die eigene Betroffenheit und die Sorge um die Welt vor Gott bringen.

3. Schritt: Leave it!

„Dies ist ziemlich schwierig!", meint Paul. „Schließlich kann und will ich ja die Welt nicht verlassen." – „Was kann Leave it! dann noch bedeuten?", frage ich in die Runde. Wir überlegen gemeinsam: „Na ja vielleicht einfach mal den Fernseher auslassen und nicht permanent Nachrichten aufs Smartphone empfangen. Um mich nicht dauerhaft mit Schreckensnachrichten aus aller Welt zu konfrontieren." – „In der Tat, wenn es dir nicht gut tut, ist es besser den Fernseher aus zu lassen, als dich weiter damit zu konfrontieren und dadurch das Leid in dir zu vergrößern."

Wenn es uns schwer ums Herz wird, das Gefühl von Ohnmacht und Wut zunimmt und wir spüren, dass der Frust wächst, dann ist es an der Zeit – um unseretwillen – den Blick auf das Gute zu lenken, damit wir nicht den falschen Wolf in uns füttern und am Ende das Destruktive in uns gewinnt.

„Aber mache ich es mir nicht zu leicht damit?", wendet Paul ein.

„Ich bleibe in der formalen Logik und buchstabiere es nochmals durch:
1. Wenn du leidest und nichts dagegen tun kannst, dann bleibt der Leidensdruck in dir bestehen.
2. Wenn du es weiterhin nicht annehmen und bejahen oder an eine höhere Macht abgeben kannst, bleibst du immer noch im Leiden.
3. Wenn du dich schließlich immer wieder im inneren Leidensdruck damit konfrontierst, wirst du dich auf Dauer mit deinem Schmerz vergiften.

Also bleibt dein Frust und der Schmerz in dir bestehen und lädt sich weiter auf. Der Sinn des Lebens besteht wahrscheinlich nicht darin, sich mit dem Schmerz der gesamten Schöpfung zu konfrontieren, ohne etwas ändern zu können. Wenn du deine Energie auf das richtest, was du in deinem Umfeld ändern kannst, bewirkst du mehr in deinem Leben."

Frage: Was hilft Ihnen, mit den globalen Krisen und Geschehnissen umzugehen?
1. Was können und wollen Sie ändern?
2. Was hilft Ihnen, mit dem umzugehen, was nicht in Ihrem Spielraum liegt?
3. Wo schalten Sie ab, um sich selbst zu schützen?

Worauf blicke ich?

Ein Mann ging bei Sonnenuntergang an einem Meeresstrand entlang. Da sah er einen Jungen, der vorsichtig etwas aufhob und ins Meer warf. Er rief dem Jungen zu: „Was machst du denn da?" Der Junge richtete sich auf und antwortete: „Ich werfe Seesterne ins Meer zurück. Es ist Ebbe und wenn ich das nicht tue, werden sie an Sauerstoffmangel sterben." „Aber, junger Mann, ist dir eigentlich klar, dass es hier an diesem Strand Tausende von Seesternen gibt? Die kannst du unmöglich alle retten, das macht doch keinen Sinn. Du kannst unmöglich etwas ändern." Der Junge hörte höflich zu, bückte sich, nahm einen anderen Seestern auf und warf ihn ins Meer zurück. Er lächelte: „Für den hier habe ich etwas geändert."
(Quelle unbekannt)

Herumliegende Kleidungsstücke

Ein Mann beschloss, einen Garten anzulegen. Er bereitete den Boden vor und streute Samen wunderschöner Blumen aus. Als die Saat aufging, wuchs auch der Löwenzahn. Da versuchte der Mann mit mancherlei Methoden, Herr zu werden über den Löwenzahn. Weil aber nichts half, ging er in die Gärtnerei, um dort um Hilfe zu bitten. Der weise, alte Gärtner gab vielfältig Auskunft, wie der Löwenzahn loszuwerden sei. Aber das hatte der Fragende alles schon selbst probiert. So saßen die beiden eine Zeitlang schweigend beisammen, bis am Ende der Gärtner den ratlosen Mann schmunzelnd anschaute und sagte: „Wenn denn alles, was ich dir vorgeschlagen habe, nichts nützt, dann gibt es nur noch einen Ausweg: Lerne, den Löwenzahn zu lieben."
(Nacherzählt nach einer Sufigeschichte).

„Ich weiß, dass es nach einem Klischee klingt", beginnt Marion. „Aber ich rege mich wirklich auf, dass mein Mann immer seine Kleider herumliegen lässt. Immer wieder bitte ich ihn, seine Sachen im Schlafzimmer aufzuräumen. Das geht eine Zeit lang gut, aber irgendwann beginnt alles wieder von vorne."

Die drei Spielräume: Welche Gefühle füttere ich?

„Was denkst du über ihn, über dich und über die Situation?", möchte ich von Marion wissen. „Ehrlich gesagt rege ich mich immer mehr über ihn auf. Wenn ich ihn bitte, seine Sachen aufzuräumen und nicht einfach auf den Boden zu werfen, dann weiß er, dass mir das wichtig ist. Das sage ich ihm auch. Da er ja weiß, dass es für mich wichtig ist, ärgert es mich umso mehr, dass er nicht auf mich

> hört. Ich habe keine Lust, seine Sachen aufzuräumen. Schließlich bin ich nicht seine Mutter." – „Es geht also für dich nicht nur um die Kleidungsstücke an sich, die herumliegen, sondern auch um eine Beziehungsaussage dir gegenüber?" – „Ganz genau. Damit signalisiert er mir doch, dass ich ihm unwichtig bin. Ich finde, in einer Partnerschaft ist es wichtig, dem Anderen zu signalisieren, dass man ihn ernst nimmt."

Es ist eine häufige Gewohnheit, von anderen zu verlangen, das sie unsere Werte teilen. Das, was mir wichtig ist, soll auch dem anderen wichtig sein. Wenn dies so ist, dann ist alles in Butter und bester Ordnung. Man ist sozusagen auf einer Wellenlänge!

Es ist eine Falle, wenn wir den Liebesbeweis an eine bestimmte Forderung knüpfen. Wir gehen dann automatisch davon aus, dass das, was uns wichtig ist auch dem Anderen wichtig sein muss und sei es uns zuliebe. Es ist jedoch realistisch, dass es zu Störungen kommt. Das liegt oftmals einfach daran, dass wir die komplexe Realität ganz unterschiedlich wahrnehmen und „tausend Dinge" im Kopf haben. Im Bewusstsein von Marion nehmen Kleidungsstücke, die herumliegen, einen großen Platz ein und gewinnen an Bedeutung, weil für sie Ordnung wichtig ist. Es wäre realistisch, wenn dies bei ihrem Mann nicht der Fall wäre und er mit dem Kopf ganz woanders ist. Möchte er dann ihrer „Bitte" nachkommen und seine Sachen aufräumen, so ist es ein Willensakt, der eine Zeit lang gelingt. Dann aber – nach geraumer Zeit – verschwinden die Sachen wieder aus seinem Bewusstsein und er lässt sie liegen.

> „Welche Gefühle löst das alles bei dir aus?", frage ich Marion. „Ehrlich gesagt bin ich enttäuscht von ihm und frustriert." – „Das ist ein Zeichen dafür, dass du dich nicht in deinem Spielraum befin-

> dest. Du stellst eine Forderung an ihn, die er nicht erfüllt." – „Es ist keine Forderung von mir. Ich versuche, es freundlich zu formulieren, so dass es nicht als Forderung bei ihm ankommt." – „Bist du dir sicher, dass es sich nicht um eine Forderung handelt?"

Forderungen können zuckersüß formuliert sein. Ob es sich um eine Forderung oder um eine Bitte handelt, liegt weder an der Wortwahl noch am Tonfall oder Augenaufschlag, sondern daran, ob das Gegenüber wirklich die Freiheit zur Entscheidung hat oder nicht. Bei einer Bitte respektiert man die jeweiligen Spielräume und Angelegenheiten. Das Gegenüber hat die Freiheit, selbst zu entscheiden was sie oder er für richtig hält. Bei einer Forderung hat er diese Freiheit nicht. Wer einer Forderung nicht nachkommt, spürt Sanktionen in irgendeiner Form.

> „Dann ist es also wohl doch eher eine Forderung von mir", gibt Marion zu. „Deine Gefühle und der Kreislauf, der zunehmend entsteht, spricht in der Tat dafür, dass es sich um eine Forderung von dir handelt und nicht um eine Bitte. Die Gefahr ist die: Sobald dein Mann die Forderung spürt, ist ein möglicher Reflex der, in den inneren Widerstand zu gehen und mit der Zeit ebenfalls frustriert zu werden, weil er es als Grenzüberschreitung empfindet." – „Genauso ist es. Neulich meinte er, ich sei schlimmer als seine Mutter… Das war nicht gerade ein Kompliment…" – „Das Verrückte ist, dass wir manchmal genau zu dem werden, was wir eigentlich verhindern möchten. Schauen wir also, wie du aus diesem Kreislauf herausfinden kannst.

Ein möglicher „Teufelskreislauf" könnte wie folgt aussehen:

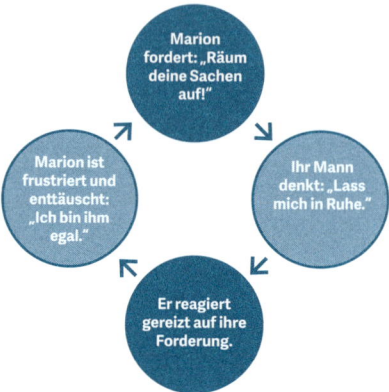

Marion will nicht wie seine Mutter sein, die die Sachen aufgeräumt hat: Er soll sich selbst um seine Sachen kümmern. Auf einer tieferen Ebene wird sie jedoch wie die Mutter, indem sie zunehmend Forderungen an ihn stellt, wie Eltern dies tun.

In drei Schritten zu mehr Gelassenheit

1. Schritt: Change it!

„Was kannst du selbst ändern? Was liegt in deiner Hand?" – „Naja, ich kann natürlich die Sachen für ihn aufräumen." Marion fährt fort: „Ich habe mir auch schon einmal überlegt, die Ordnungssysteme in unserem Schlafzimmer so zu ändern, dass es für ihn leichter ist, seine Sachen aufzuräumen. Vielleicht indem wir noch einen kleinen Sessel reinstellen oder einen Kleiderständer installieren, so dass er mehrere Optionen hat, seine Sachen aufzuräumen. Das habe ich bislang nur noch nicht zu Ende gedacht." – „Habt ihr schon gemeinsam eine Lösung überlegt und darüber gesprochen?" – „Nein. Ehrlich gesagt nicht. Das ist eine Idee!"

2. Schritt: Love it!

„Was kann dir helfen, die gegenwärtige Situation anzunehmen und zu bejahen?" – „Ich weiß es nicht." – „Wie lange dauert es, die Dinge aufzuräumen?" – „Vielleicht 2 bis 3 Minuten." – „Und wie lange trägst du sie in deinem Kopf mit dir herum und machst dir Gedanken?" – „Ja, das dauert natürlich schon länger." – „Was kann dir noch helfen, das Ganze leichter zu nehmen?" – „Das Bewusstsein, dass er den Kopf mit anderen Dingen voll hat und ich es nicht persönlich nehmen muss. Wenn ich weiß, dass er es nicht auf dem Bildschirm hat, dann ist es zumindest keine böse Absicht. Wenn ich mir bewusst mache, dass er die Dinge anders wahrnimmt als ich, dann hilft mir das, aus dem Tunnel herauszukommen." „Und noch eines kann dich diese Situation lehren. Dein Partner konfrontiert dich mit deinen Ansprüchen nach Perfektion. Er zeigt dir: Du musst nicht perfekt sein. Du darfst auch einmal etwas liegen lassen. Es stört ihn nicht."

Love it! könnte weiterhin bedeuten, dass Marion es bejaht, dass die Dinge herumliegen. Sie kann es als Zeichen dafür deuten, dass sich ihr Mann zuhause fühlt und sich innerlich fallen lassen kann.

Love it! könnte zudem bedeuten, dass jeder das in die Beziehung einbringt, was ihm wichtig ist. Marion ist Ordnung wichtig.

Love it! könnte bedeuten, dass sie sich bewusst macht, dass sie zu Beginn ihrer Beziehung an ihm das Spontane und Unkonventionelle geliebt hat. Das, was sie nun an ihm stört, hat ihr früher gefallen: Nicht er hat sich verändert, sondern ihre Einstellung ihm gegenüber. Marion kann sich also die Frage stellen: Wo tut es mir gut, mal alle Fünf gerade sein zu lassen und meinen Anspruch nach Perfektionismus nicht nachzugeben? Dann merkt sie vielleicht, dass der „Löwenzahn" auch etwas Gutes an sich hat.

3. Schritt: Leave it!

Das Beispiel zeigt eines: Weshalb Beziehungen scheitern können, liegt nicht an der Sache an sich, sondern daran, welche Bedeutung dieser beigemessen wird. Die berühmte Zahnpasta Tube ist ein plakatives Beispiel dafür. Bei Leave it! muss man natürlich nicht an Scheidung denken. Es kann ebenso ein Ausweg sein, sich bewusst dafür zu entscheiden, auf andere Dinge zu achten und den Fokus zu verändern, so dass die herumliegenden Sachen nicht mehr so viel Raum einnehmen.

> Ich frage Marion: „Was könnte Leave it! für dich bedeuten?" – „Schlafzimmertüre zumachen! Dann sehe ich das Chaos nicht mehr!" – „Eine Möglichkeit. Was ist deinem Partner wichtig? Wo bringt er sich ein für das Gemeinsame?" – „Da muss ich überlegen... Ihm ist es beispielsweise wichtig, erfolgreich zu sein. Er ist der Meinung, dass er das für uns tut, damit wir uns etwas leisten können. Außerdem ist er derjenige, der den Urlaub plant, Dinge im Haus selbst repariert oder sich um den Schriftkram kümmert."

Fazit:

> „Was bedeutet das Ganze nun für dich?", frage ich Marion zum Abschluss. „Ich glaube, das Beste ist, wenn ich mit ihm rede und wir eine Vereinbarung treffen. Vielleicht überlegen wir gemeinsam ein neues Ordnungssystem. Mir tat es auch gut, dass wir darauf geschaut haben, was er sonst alles einbringt in unsere Beziehung. Das habe ich gar nicht mehr gesehen."

Frage: Was hilft Ihnen im Umgang mit dem „Löwenzahn" in Ihrem Leben? (bspw. herumliegende Kleidungsstücke oder andere Ärgernisse)

Exkurs: Das innere Team

Unsere Persönlichkeit besteht nicht aus einem einheitlichen, in sich geschlossenem Gebilde. Wenn wir in uns hineinhorchen, dann melden sich mehrere Stimmen zu einem bestimmten Thema zu Wort. Stellen Sie sich einfach vor, Sie liegen nach getaner Arbeit auf dem Sofa und überlegen sich, ob Sie jetzt noch Sport machen. In diesem Moment können sich unterschiedliche Stimmen in Ihnen melden: „Oh, das wäre jetzt wichtig."; „Aber hier ist es so gemütlich. Ich habe keine Lust, mich jetzt nochmals aufzuraffen."; „Lass dich nicht gehen."; „Dann muss ich morgen halt Sport machen."; „Das hab ich mir heute verdient.". Und so weiter. Um in einem Bild zu sprechen, kann man sich eine innere Bühne vorstellen, auf der die unterschiedlichen Teilaspekte unserer Persönlichkeit ihren Auftritt bekommen. Die Personen auf der Bühne repräsentieren die jeweiligen Anteile, die mehr oder weniger harmonisch nebeneinander existieren oder in Konflikt miteinander stehen können. Charakteristisch sind (neben vielen weiteren denkbaren Akteuren) folgende „Hauptakteure" auf unserer inneren Bühne:

- Das innere Kind
- Der kritische Erwachsenenanteil oder auch Antreiber
- Der liebevolle Erwachsenenanteil oder auch Erlauber
- Das Symptom

> Der Verstand stellt Fragen, aber das Herz antwortet.

Je verständnisvoller und liebevoller unsere Bezugspersonen mit uns in unserer Kindheit umgegangen sind, desto ausgeglichener und respektvoller gehen unsere inneren Teile heute miteinander um. Waren die Botschaften und unsere Erfahrungen in der Kindheit jedoch einseitig, dann entwickeln sich unsere inneren Anteile unterschiedlich und konkurrieren gegeneinander. Meistens spielt einer der Akteure die „Hauptrolle" und drängt sich in den Vordergrund. Das bedeutet, dass wir diese Stimme deutlicher wahrnehmen als die übrigen.

„Es gab eine Zeit in meinem Leben, in der es mir überhaupt nicht gut ging", erzählt Marianne. „Ich hatte das Gefühl, funktionieren zu müssen um jeden Preis. Ich fragte mich immer, was die Anderen von mir erwarten und was ich tun muss, damit es ihnen gut geht. Alle sollten zufrieden sein, keinem durfte etwas fehlen. Ich habe zwei Jungs, die haben ADHS. Ständig war ich damit beschäftigt, nach ihnen zu schauen und lag im Kampf mit ihnen. ‚Macht eure Hausaufgaben!'; ‚Zappelt nicht so herum.'; ‚Esst anständig!' und so weiter. Ich konnte meinen Kindern nicht einfach gekaufte Kekse in den Kindergarten mitgeben. Nein, ich musste diese selbst backen und sie mussten makellos sein. Was sollten die anderen sonst von mir denken? Aber meine Kinder waren nicht die einzige Baustelle in meinem Leben: Beruf, Partnerschaft, Freundeskreis, Sport. Alles war fremdbestimmt und von gefühlten Erwartungen geprägt. Bei der Arbeit wollte ich keinen Anlass zur Kritik bieten und versuchte jeden Fehler, der mir unterlaufen ist, schnellstmöglich zu korrigieren. Denn Fehler durften mir nicht passieren. Ich wusste damals, dass das auf Dauer nicht gut gehen konnte. Mit der Zeit fühlte ich mich immer ohnmächtiger, weil ich aus diesem Hamsterrad nicht mehr aussteigen konnte. Ich hatte das Gefühl, dass alle an mir zerren und wartete nur noch auf das dicke Ende, das ja dann auch kam."

Die Antreiber oder: Der kritische innere Erwachsene

Viele unserer Probleme entstehen, weil wir von bestimmten inneren Antrieben, so genannten „Antreibern", geleitet werden. Der innere Antreiber speist sich aus Erfahrungen, die wir mit einem kritischen Elternanteil gemacht haben. Es müssen nicht unbedingt die eigenen leiblichen Eltern gewesen sein, die diesen Anteil stark gemacht haben. Es können auch religiöse oder gesellschaftliche Stimmen sein, die dazu geführt haben, dass die Ansprüche, die wir an uns stellen, so stark sind. Natürlich spricht nichts dagegen, einen hohen Anspruch an sich selbst zu haben. Menschen, die nach Perfektion streben, sind häufig auch sehr erfolgreich und zufrieden. Bis zu einem gewissen Grad ist so ein Antreiber also durchaus hilfreich für ein gutes Leben. Er motiviert uns, voran zu kommen, mehr zu lernen und besser zu werden.

Wenn diese Stimmen jedoch immer die Hauptrolle auf unserer inneren Bühne einnehmen möchten, dann führen sie zu einer einseitigen Belastung und können mit der Zeit enormen Stress auslösen. Die anderen, entlastenden Stimmen treten in den Hintergrund.

Die fünf Antreiber und ihre Hauptbotschaft

Zunächst ist es also wichtig zu betonen, dass die inneren Antreiber für uns wichtige Helfer sind: ohne sie wären wir apathisch, empathielos und ohne Energie. Sie stellen nur dann ein Problem dar, wenn sie zu viel Raum auf unserer inneren Bühne einnehmen. Dies kann leicht geschehen. Vor allem dann, wenn wir nicht gut im Kontakt mit uns selbst sind. Als Eltern-Gebote hatten diese Botschaften für uns als Kind einen Absolutheitscharakter, den wir nicht angezweifelt haben. Ihre Nichteinhaltung hatte zur Folge, dass uns Zuneigung entzogen wurde. Jetzt, im Erwachsenenalter haben wir die Möglichkeit zu erkennen, dass es Alternativen zu den elterlichen Botschaften gibt. Die Herausforderung ist deshalb groß, weil sich diese Botschaften schon stark im Unterbewusstsein verankert haben und eine große Autorität besitzen. Wenn wir über einen langen Zeitraum im Privat- wie im Berufsleben die Forderungen erfüllen, dann spüren wir dies zunehmend am Leidensdruck. Zeichen und Ausdruck dafür, dass wir uns nicht in unseren eigenen Angelegenheiten befinden, sondern gedanklich stark in anderen Angelegenheiten verweilen.

Das Konzept der inneren Antreiber stammt aus der Transaktionsanalyse. Diesen Autoren erschienen fünf Antreiber als besonders typisch:

Antreiber	Seine Botschaft	Sein Ziel	Positives an ihm
Sei stark!	Bewahre die Haltung!	Sicherheit Diese liegt für diesen Antreiber in der Unabhängigkeit. Deshalb müssen Abhängigkeiten verhindert werden.	Kraftvoll!
Sei perfekt!	Mach keine Fehler!	Nur maximale Kontrolle verschafft auf jeden Fall Anerkennung. Deshalb gilt es, Fehler zu vermeiden.	Sinn für Vollkommenheit!
Mach es allen recht!	Sei liebenswürdig! Sei immer gefällig!	Nur wenn man es allen recht macht bekommt man Zuwendung. Deshalb darf man nicht nein sagen.	Sensibel und achtsam!
Beeile dich!	Schau immer vorwärts! Sei immer auf Trab! Nutze die Zeit möglichst effektiv!	Schnell! Damit nichts Wichtiges verpasst wird!	Hohe Aktivitäts- und Leistungsbereitschaft!
Streng dich an!	Müh dich ab! Nur Schweres ist wertvoll!	Nur größte Anstrengung sichert Erfolg!	Durchhalte- und Beharrungsvermögen!

Ich frage Marianne: „Welche innere Einstellung hattest du in dieser Zeit?" – „Ich glaubte damals, dass alles an mir hängt. Ich musste stark sein." – „Gibt es jemanden, von dem du das übernommen hast? So etwas wie ein Vorbild für dich?" – „Meine Mutter. Eindeutig. Sie war mein großes Vorbild. Sie war eine sehr starke Persönlichkeit, die immer alles selbst erledigt hat. Sie war der Mittelpunkt der Familie und hat diese zusammengehalten. Sie war für mich so etwas wie eine Ikone, der ich mich angleichen wollte." – „In einem Satz auf den Punkt gebracht. Gibt es eine Botschaft von ihr an dich?" – „Sei stark! Zeige keine Schwäche und kümmere dich um die Anderen!" – „Was haben diese Botschaften bei dir ausgelöst?" – „Das hat eben dazu geführt, dass ich mit der Zeit weit über meine Grenzen gegangen bin." – „Und wenn du einmal Schwäche gezeigt hast? Kam das vor?" – „Das kam immer wieder vor. Da habe ich mir dann Vorwürfe gemacht und ein schlechtes Gewissen bekommen." – „Wenn wir uns vorstellen, dass all das Akteure auf deiner inneren Bühne waren: wer hatte die Hauptrolle?" – „Ganz klar der Antreiber. Er stand auf der Mitte der Bühne und hat alle anderen auf ihre Plätze verwiesen. Wenn ein anderer Anteil sich Raum verschaffen wollte – bspw. mein inneres Kind – dann wurde der Antreiber besonders laut und spielte sich auf."

Wenn wir als Kind häufig „Sei stark" gehört haben und/oder beständig zur Eile angetrieben wurden, dann ist die Wahrscheinlichkeit groß, dass wir diese Aufforderung so sehr verinnerlicht haben, dass diese auch später noch unser Verhalten bestimmt. Auch Jahrzehnte später, ohne dass wir uns dessen bewusst sein müssen, mahnen wir uns selbst, keine Schwäche zu zeigen, weil wir es so gelernt haben. In Momenten, in denen die menschliche Schwäche dann in uns durchbricht, meldet sich anschließend der Antreiber besonders laut: In Form von Vorwürfen und Anklagen.

Was treibt Sie an?

Welche Sätze lösen in Ihnen etwas aus?

Sei stark!

Starke Menschen brauchen keine Hilfe.	☐
Ich komme alleine zurecht.	☐
Wie es drinnen aussieht, geht keinen etwas an.	☐
Bewahre Haltung!	☐
Beiße die Zähne zusammen!	☐
Wer Schwäche zeigt, verliert.	☐

Sei perfekt!

Es muss immer eine perfekte Lösung geben.	☐
Es gibt nichts Schlimmeres, als Fehler zu machen.	☐
Ich bin noch nicht gut genug.	☐
Ich bin schuld, dass es so ist, wie es ist.	☐
Ich finde immer etwas zum Verbessern.	☐

Mach es allen recht!

Es ist wichtig, dass mich alle akzeptieren.	☐
Bloß kein Streit!	☐
Akzeptiert zu werden ist wichtiger, als meine Interessen durchzusetzen.	☐
Sei liebenswürdig.	☐
Positive Rückmeldungen sind mir wichtig.	☐
Sei gefällig!	☐

Streng dich an!

Wer nie aufgibt, erreicht alles.	☐
Erfolge muss man sich erarbeiten.	☐
Nur Schweres ist wertvoll.	☐
Ich schaffe es auch ohne fremde Hilfe.	☐
Reiß dich zusammen.	☐
Du bekommst nichts geschenkt im Leben.	☐
Jeder ist seines Glückes Schmid.	☐

Beeile dich!

Ich mache mehrere Dinge gleichzeitig.	☐
Trödel nicht rum!	☐
Ich bin der Motor, der etwas voranbringt.	☐
Ich darf keine Zeit verschwenden.	☐
Ich bin ständig in Bewegung und beschäftigt.	☐

Das innere Kind

> „Warst du in dieser Zeit glücklich?", frage ich Marianne. „Glücklich?", sie muss laut lachen. „Glücklich war ich damals nicht. Das war überhaupt keine Kategorie für mich. Natürlich gab es Momente, in denen ich zufrieden war. Vor allem dann, wenn ich meinem inneren Antreiber genügt hatte – was selten genug vorkam. Ich habe mich immer an den Anderen orientiert und erst wenn es ihnen gut ging, dann ging es auch mir gut." – „Was hätte dir in dieser Zeit gut getan?" – „Vielleicht mir Auszeiten zu gönnen, zu malen oder einmal ein Buch zu lesen. Aber da es immer etwas zu tun gab, habe ich mir das nicht zugestanden. Und irgendwann war es dann einmal die Summe all der kleinen Entscheidungen, die dazu geführt haben, dass ich gar nicht mehr gespürt habe, was mir gut tun würde. Ich war so im Hamsterrad, dass ich unfähig war, für mich und meine Bedürfnisse zu sorgen." – „Hat sich das geändert? Wie ist es heute?" – „Heute schaue ich vor allem auch danach, was mir gut tut. Ich habe zum Beispiel mit Malen begonnen. Das wollte ich schon immer. Das tut mir sehr gut und hilft mir, meinen Schmerz zu verarbeiten. Außerdem lese ich spirituelle Bücher, die mich inspirieren und ich gehe viel in die Natur."

Der Impressionist Henri Matisse sagte: „Man darf nicht verlernen, die Welt mit den Augen eines Kindes zu sehen." Und Jesus sagt: „Amen, ich sage euch: Wenn ihr nicht umkehrt und werdet wie die Kinder, werdet ihr nicht in das Himmelreich hineinkommen." (Mat 18,3)

Was kommt in diesen Aussagen zum Ausdruck? Kinder haben die Fähigkeit, einfach so vor sich hin zu träumen, ins Spiel versunken zu sein, zu weinen oder zu schreien, laut zu lachen oder breit zu grinsen. Sie lassen sich darauf ein, Neues auszuprobieren und den Blick wieder auf die kleinen Wunder des Alltags zu richten. Sie leben ganz im Augenblick, sind kreativ und können ihre Gefühle und Bedürfnisse direkt zum Ausdruck bringen. Das Kind, das wir einmal waren, lebt in uns weiter und ist ein bleibender Anteil unserer Persönlichkeit. Um im symbolischen Bild der inneren Bühne zu bleiben: Wenn wir das Kind in uns abwerten, nicht würdigen und ihm keinen Raum in uns bieten, dann werden wir unser Glück nicht finden.

Wir sind immer dann im Kontakt mit unserem inneren Kind, wenn wir ganz im Augenblick gegenwärtig sind, wenn wir unsere Gefühle zulassen und wenn wir unsere Bedürfnisse wahrnehmen. Es gibt vier Hauptbedürfnisse, durch die unser inneres Kind sich „zu Wort meldet":

- Das Bedürfnis nach Beziehung und Bindung.
- Das Bedürfnis nach Autonomie und Selbststand.
- Das Bedürfnis nach Anerkennung.
- Das Bedürfnis nach Lustbefriedigung.

Da diese Bedürfnisse miteinander in Konkurrenz stehen können, ist das innere Kind alleine manchmal überfordert und braucht Anleitung durch den inneren „liebevollen Erwachsenen".

Stimmen des inneren Kindes

Wenn Sie sich die Sätze durchlesen, dann lassen Sie diese für ein paar Sekunden in Ihnen nachklingen und spüren Sie nach, ob Ihr Körper Ihnen Signale in irgendeiner Form sendet. Das Herz benötigt für eine Antwort mehr Zeit als der Kopf! Das kann vor allem dann eine große Herausforderung für Sie sein, wenn der Antreiber „Beeile dich!" stark ist.

Welche Sätze lösen in Ihnen Erleichterung aus?

Ich will glücklich sein.	☐
Ich will kreativ sein.	☐
Ich will spielen.	☐
Ich brauche Nähe.	☐
Ich will mich anlehnen.	☐
Ich will mich und das Leben spüren.	☐
Ich will mich frei fühlen.	☐
Ich will das Leben genießen.	☐
Ich staune über die Wunder des Lebens.	☐
Ich entdecke voller Neugier und Interesse die Welt.	☐
Ich bin traurig.	☐
Ich bin fröhlich.	☐
Ich liebe mich und das Leben.	☐
Ich schäme mich.	☐
Ich ärgere mich.	☐
Ich habe Angst.	☐
Ich fühle mich verbunden.	☐
Ich fühle mich einsam.	☐
Ich spüre Schmerz.	☐
Ich bin heil und gesund.	☐
Ich bin im Hier und Jetzt.	☐
Ich bin in meinem Körper zuhause.	☐
Ich bin im Frieden.	☐

Das Symptom

> Marianne erzählt im Rückblick: "Irgendwann konnte ich nicht mehr. Ich erinnere mich, wie ich die Kinder morgens zur Schule gebracht und mich dann daheim aufs Sofa gesetzt habe. Irgendwann klingelte es an der Türe und mir wurde bewusst, dass die Jungs Schule aushaben. In der Zeit dazwischen saß ich auf dem Sofa und habe Löcher in die Luft gestarrt. Ich kam mir vor wie eine leere Hülle. Innerlich war ich komplett leer. Da war nichts Lebendiges mehr. Und dann – eines Tages – war es soweit und ich brach zusammen. Es war, als hätte jemand den Stecker gezogen. Nichts ging mehr. Zwei Jahre hat es gedauert, bis ich wieder richtig auf die Beine kam."

Das, was Marianne erlebt hat, ist das Extrem: der Burnout. Im Bild der inneren Bühne könnte man sagen, dass der innere Antreiber es geschafft hat, alle anderen Akteure von der Bühne zu verdrängen. Diese „Leere" hat Marianne körperlich und mental gespürt. Spätestens wenn dies geschieht, tritt ein Symptom auf, um uns zu schützen vor der Macht des Antreibers. Das Symptom nimmt zunächst eine kleine Rolle auf der Bühne ein und wird zunehmend größer, wenn es nicht beachtet wird. Das Symptom ist der wahrnehmbare Ausdruck des inneren Konfliktes zwischen dem Bedürfnis/Inneren Kind und den antreibenden Stimmen. Es ist sozusagen ein Kompromiss und ein Ersatz für das nicht gewagte Leben. Auch wenn Symptome nicht angenehm sind, arrangieren sich viele Menschen mit diesen. Sie finden ihren Ausdruck in der Regel in gesellschaftlich anerkannten Symptomen wie zum Beispiel die Flucht in die verschiedensten Süchte, sie haben Schmerzen oder auch psychosomatische Erkrankungen.

Mögliche Symptome, die bei zu stark ausgeprägten inneren Antreibern „auftreten" können:

Was beobachte ich in letzter Zeit bei mir?

Gedanken

Pessimismus	☐
Zweifel am Sinn	☐
Betrachten des Lebens als hoffnungslos	☐
Abweisende Haltung gegenüber Neuem	☐

Gefühle

Reizbarkeit	☐
Ohnmacht, Hilflosigkeit	☐
Innere Leere	☐
Ärger, Zorn, Wut (auf Andere, das Leben, mich selbst)	☐

Körper

Erschöpfung	☐
Schlafstörungen	☐
Starke Muskelverspannungen	☐
Gewichtsverschiebungen	☐
Libidoverlust	☐
Schmerzen	☐

Verhalten

Ausreden	☐
Abfällige Ausdrücke über Andere	☐
Vermehrter Konsum von Kaffee, Tabak, Alkohol oder Medikamenten	☐

Zwischenmenschliche Beziehungen (beruflich und privat)

Vermeiden von Kontakt und Begegnung	☐
Misstrauen anderen gegenüber	☐
Zunehmend Streit mit anderen	☐
Zynismus	☐

Der liebevolle Erwachsene oder der „Erlauber"

„Und wie ist es heute? Was hat sich verändert?", frage ich Marianne weiter. „Es hat sich viel verändert. Heute frage ich mich immer wieder: „Was tut mir gut? Was möchte ich? Oder auch: Was ist meine Angelegenheit?" Das klingt vielleicht egoistisch. Aber ich durfte lernen, dass es sich nicht um Egoismus handelt, sondern um eine gesunde Selbstsorge. Ich kann mich heute viel besser abgrenzen als früher und bleibe mehr bei mir. Aber es war natürlich ein langer Prozess, bis ich das für mich umsetzen konnte. Früher dachte ich auch, dass die Anderen doch erkennen müssten, dass sie meine Grenzen überschreiten. Das taten sie natürlich nicht. Heute schütze ich meine Grenzen selbst und bestimme über meinen Spielraum. Mit Hilfe eines Therapeuten schaffe ich es, mich immer wieder zu vergewissern, wo meine Grenzen sind." „Wie gelingt dir dies?", frage ich neugierig. „Wenn ich mich wieder hilflos und ohnmächtig fühle, dann frage ich mich innerlich, ob es sich dabei um meine Angelegenheiten handelt. Sind es meine ‚Baustellen', dann versuche ich, die Situation zu ändern oder damit einen Umgang zu finden. Für alles andere übernehme ich nicht mehr die Verantwortung. Meine Kinder sind jetzt groß genug. Ob sie ihre Hausaufgaben machen oder ihre Übungen, das ist ihre Angelegenheit. Natürlich sind sie mir nicht egal. Aber ich spüre nicht mehr die Verantwortung, wie ich sie früher übernommen habe. Sie fordern mich nach wie vor gefühlt hundert Mal am Tag heraus und sind meine größten Lehrmeister, wenn es darum geht, meine Grenzen zu erkennen und zu schützen. An ihnen wachse ich und lerne ich, mit meinen Kräften gut umzugehen. Interessanter Weise hat sich unser Verhältnis dadurch in den vergangenen Jahren verbessert, seitdem ich mich mehr aus ihrem Leben heraushalte und mich nicht mehr so sehr in ihre Angelegenheiten einmische." – „Welche Einstellung hilft dir dabei?" – „Ich sage mir innerlich dann immer: Das ist nicht meine Baustelle. Die werden das auch ohne mich schaffen. Ich darf nach mir schauen."

Wenn sich auf der inneren Bühne nur der Antreiber sowie das innere Kind befinden, dann verliert das Kind, weil der Antreiber mehr Autorität besitzt. Ist dies der Fall, dann gehen wir permanent über unsere Bedürfnisse hinweg – so lange, bis wir diese nicht mehr wahrnehmen und ein Symptom auftritt, um uns die Grenze des Machbaren aufzuzeigen. Diese destruktive Dynamik lässt sich unterbinden, wenn eine Gegenstimme zum inneren Antreiber auftritt, die das Kind ebenfalls schützt – aber auf konstruktive Art und Weise.

Diese Stimme des „Erlaubers" oder liebevollen Erwachsenen gleicht den Konflikt zwischen dem Antreiber und dem inneren Kind aus und sorgt sich liebevoll darum, dass beide Anteile zu ihrem Recht kommen. Die Stimme des liebevollen Erwachsenen sorgt dafür, dass unsere Gefühle und Bedürfnisse sein dürfen und nicht vom inneren Antreiber abgelehnt werden. Diese Stimme führt uns zurück in unseren eigenen Spielraum oder in unsere eigenen Angelegenheiten.

Wenn das innere Kind *immer* die Oberhand hätte, dann wären wir kindisch (im Unterschied zu kindlich). In diesem Fall müssen wir unsere Bedürfnisse immer sofort befriedigen und uns im Supermarkt schreiend auf dem Boden wälzen, wenn uns die Verkäuferin sagt, dass unser Geld nicht ausreicht für das gewünschte Produkt – so wie Kinder das eben auch fordern. Der liebevolle Erwachsene schaut und würdigt die Bedürfnisse und sorgt sich auch darum – alles zu seiner Zeit. Die Stimme des liebevollen Erwachsenen repräsentiert in Mariannes Geschichte der Therapeut, der ihr erlaubt, nach sich zu schauen und sie darauf hinweist, ihre Gefühle ernst zu nehmen. Wir brauchen Repräsentanten im Außen – so wie Mariannes Therapeut –, welche die Stimme des liebevollen Erwachsenen in uns stark machen.

Beispiele für Sätze des liebevollen Erwachsenen:

	Welche Sätze lösen in Ihnen Erleichterung aus?
Innere „Erlauber" beim Antreiber: Sei stark!	
Ich darf das Leben genießen.	☐
Ich darf offen sein und vertrauen.	☐
Ich darf den leichten Weg gehen.	☐
Ich darf mir Hilfe holen und sie annehmen.	☐
Ich darf auch einmal schwach sein.	☐
Gefühle zu zeigen ist erlaubt und ein Zeichen von Stärke.	☐
Innere „Erlauber" beim Antreiber: Sei perfekt!	☐
Ich darf Fehler machen und aus ihnen lernen.	☐
90% genügen.	☐
Ich bin gut genug, so wie ich bin.	☐
Ich gebe mein Bestes und das genügt.	☐
So, wie ich bin, bin ich liebenswert.	☐
Innere „Erlauber" beim Antreiber: Mach es allen recht!	
Ich darf meine Bedürfnisse ernst nehmen.	☐
Ich darf mich anderen zumuten.	☐
Ich darf auch einmal Nein sagen und anecken.	☐
Ich darf es mir selbst recht machen.	☐
Ich nehme Rücksicht auf mich und die Anderen.	☐
Ich bin ok, auch wenn jemand mit mir unzufrieden ist. Davon geht die Welt nicht unter.	☐

Innere „Erlauber" beim Antreiber: Streng dich an!

Meine Kraft gehört mir und ich entscheide, an welcher Stelle ich sie einsetze.	☐
Ich darf mir helfen lassen.	☐
Ich darf, was ich tue, gelassen, lustvoll und locker tun.	☐
Ich darf lachen und das Leben leicht nehmen.	☐
Ich darf mich über Erreichtes freuen.	☐

Innere „Erlauber" beim Antreiber: Beeile dich!

Meine Zeit gehört mir.	☐
Ich darf mir Pausen gönnen.	☐
Manches darf auch länger dauern.	☐
Ich darf meinen Rhythmus und meine Tagesform berücksichtigen.	☐
Ich darf Zeit verschwenden.	☐
Nach 1 kommt 2.	☐

Die Bühne: unsere Persönlichkeit oder das „Selbst"

Laut C. G. Jung liegt das Ziel der Menschwerdung in der SELBST-Werdung: der Entwicklung unserer je eigenen Persönlichkeit mit all seinen Facetten. Das Selbst ist für ihn die Summe unserer Persönlichkeit. Es steht für C. G. Jung als Begriff für all die seelischen Regungen und Bestimmungen, die den Inbegriff der menschlichen Ganzheit erahnen lassen, ohne diese Ganzheit jedoch letzten Endes greifen und erreichen zu können.

Wenn wir in eine Familie hineingeboren werden, übernehmen wir unhinterfragt deren Überzeugungen und sehen diese als Wahrheit an. Dadurch dürfen bestimmte Teile unserer Person nicht ausgelebt werden, weil sie im familiären Kontext nicht akzeptiert sind. Im Laufe des Lebens ist die Wahrscheinlichkeit groß, dass wir – wie im Beispiel von

Marianne – durch eine Krise an den Punkt geführt werden, an dem zumindest der leise Zweifel aufkommt, ob das, was wir immer über uns und das Leben dachten, auch wirklich die Wahrheit ist. C. G. Jung sieht in Symptomen, an denen wir leiden, die Einladung unseres Selbst, mehr auf die Stimme des inneren Kindes – oder auf unsere Intuition zu hören und authentischer zu werden. Es ist eine bleibende Aufgabe unseres Lebens, Anteile unserer Persönlichkeit, die bislang im Schatten lagen ins Scheinwerferlicht zu holen und ihnen einen angemessenen Platz auf unserer inneren Bühne einzuräumen.

„Du hast vorher von deinen ‚Baustellen' gesprochen. Und was sind deine ‚Baustellen'?" – „Wenn ich zum Beispiel denke, dass das Geld nicht reicht, dann liegt es an mir, Verantwortung für meinen finanziellen Haushalt zu übernehmen. Und wenn ich mich gestresst fühle und den Eindruck habe, dass ich zeitlich nicht rumkomme, dann kann ich an meiner Zeiteinteilung arbeiten. Wenn ich mich um jemanden oder etwas sorge, dann weiß ich mittlerweile, dass ich mich nicht ungefragt um denjenigen kümmern muss, sondern, dass ich meine Sorge in den Blick nehmen und bei mir bleiben darf. Unterm Strich ist es mir mittlerweile in Fleisch und Blut übergegangen, mich zu fragen: Ist es meins? Oder ist es deins? Oder ist es die Angelegenheit Gottes? Je nachdem, wie meine Antwort ausfällt, handle ich oder lass es an mir vorbeiziehen. Damit geht es mir im Wesentlichen gut." – „Gibt es jemanden, der dich darin unterstützt und begleitet?" – „Vor allem meine Kinder, die mich bestärken, nach mir zu schauen und mein Therapeut, der mir immer wieder wertvolle Impulse schenkt. Mittlerweile bin ich allerdings so gestärkt, dass ich aus meiner Mitte schöpfe und immer darauf vertraue, dass mein Herz mich führt. Ich finde in mir

Orientierung, Ruhe und Sinn. Wenn ich meine Gefühle fließen lasse und für mich sorge, dann fühle ich eine Lebendigkeit in mir, die ich zuvor nicht gekannt habe."

Auch wenn es ihr natürlich nicht immer gelingt, sich selbst treu zu bleiben (so ist nun einmal das Leben), hat sich Mariannes Fokus verändert. Früher versuchte sie mit aller Gewalt, ihre inneren Antreiberstimmen zu besänftigen. Heute kann sie sagen, dass diese wichtig sind. Glück und Zufriedenheit fühlt sie jedoch dann, wenn Bauch, Herz und Kopf miteinander harmonisch in Beziehung sind. Das geschieht, wenn alle drei – das innere Kind, der liebevolle Erwachsene und der innere Antreiber – gemeinsam auf der Bühne sind und ihren Part in unserem Leben spielen dürfen.

Weiterentwicklung und Wachstum gelingen dann am ehesten, wenn wir damit aufhören, gegen uns selbst zu kämpfen. Doch wie ist das zu erreichen? Durch Beobachtung, durch Verstehen; ohne Eingreifen oder Aburteilen. Denn was man verurteilt, kann man nicht verstehen. Die Instanz des inneren Beobachters kann dabei unterstützen. Er blickt quasi von oben auf die innere Bühne und beobachtet das, was sich an Stimmen meldet. Er erkennt, welcher innere Anteil sich auf der Bühne befindet und wer im Schatten steht.

> „Gibt es Momente, in denen du das nicht so erlebst?" – „Ja, natürlich. Manchmal fühle ich mich wieder gejagt und verliere mich selbst." – „Und wie reagierst du dann?" – „Ich nehme es wahr und denke mir: Jetzt ist es gerade wieder so, dass der Antreiber stark ist und der liebevolle Erwachsene nicht stark genug. Ich fühle dann wieder die Erschöpfung. Das ist für mich ein Warnsignal." –

„Der Hauptunterschied, so klingt es, liegt darin, dass du jetzt eine Instanz in dir hast – eine Art innerer Beobachter oder Regisseur – der beobachtet, was geschieht. Diese Instanz hattest du früher nicht, oder?" – „Nein. Damals war ich in mir gefangen." – „Wenn es gelingt, diesen Beobachter wahrzunehmen, dann kommst du deinem Selbst näher. Das ist der Schlüssel zur Freiheit."

 Frage: Was wollten Sie schon immer einmal machen? Was hält Sie davon ab, es JETZT zu tun?

Wohin mit der Wut?

Auf meine Frage hin: „Was belastet dich?", antwortet Cornelia: „Ich habe eine Nachbarin, bei der platzt mir die Hutschnur!" Ich frage sie: „Was macht dich denn so wütend auf sie?" – „Die ist einfach unmöglich! Zur Erklärung: Wir wohnen in einem Mehrfamilienhaus. Was mich auf die Palme bringt, ist beispielsweise, dass sie ihre Kleidung tagelang in der gemeinschaftlichen Waschküche hängen lässt, obwohl sie längst trocken ist. Dadurch kann ich und können auch die anderen im Haus ihre Wäsche nicht aufhängen. Kürzlich habe ich sie darauf angesprochen und gefragt, wann sie denn denke, ihre Wäsche wieder abzuhängen. Da antwortet die doch glatt, dass mich das überhaupt nichts angehen würde. Wenn es mich störe, solle ich sie halt selber abhängen. Stell dir das mal vor: Sagt die, ich soll ihre Wäsche abhängen!! Da ist mir dann der Kragen geplatzt." – „Und was geschah dann?" – „Ich dachte: Ok!, wenn du es so willst! Und habe tatsächlich ihre ganze Wäsche abgehängt. Die habe ich ihr dann oben vor ihrer Wohnungstüre auf den Boden geknallt. Die Waschküche ist ein Gemeinschaftsraum und die denkt, der gehöre nur ihr. Die hat echt den Schuss nicht gehört!" – „Wie hat sich das angefühlt?" – „Das war zuerst eine richtige Genugtuung! Und ich dachte, jetzt wird sie es wohl langsam begriffen haben! Aber nichts da. Beim nächsten Mal war es wieder dasselbe Spiel. Wieder hing die Wäsche fast eine Woche. Ich bin ja nicht die einzige, die sauer auf sie ist. Den anderen in unserm Haus geht es genauso wie mir. Aber die sind halt feige und trauen sich nicht, sie darauf anzusprechen oder einmal ein

> An seinem Ärger festzuhalten ist genauso, wie eine glühende Kohle in die Hand zu nehmen, um sie nach jemandem zu werfen; du bist derjenige, der sich verbrennt.
> (Buddha)

> Zeichen zu setzen. Die haben wohl Angst vor ihr." – „Was löst deine Nachbarin denn konkret an Gefühlen bei Dir aus?" – „Ehrlich gesagt bin ich stocksauer auf diese Tussi, die denkt, sie kann machen was sie will und dabei so asozial ist." Die Wut, die Cornelia entwickelt, ist für alle spürbar und greifbar. Die Diskussion entwickelt sich munter und Geschichten von unmöglichen Nachbarn drehen die Runde. Dabei wächst das Grundgefühl der Belustigung, aber auch der Empörung und des Ärgers.

Ärger und Wut sind normale menschliche Emotionen bzw. Gefühlsreaktionen, ähnlich wie Freude, Liebe, Trauer oder Angst. Für unser Wohlbefinden und unsere psychische sowie seelische Widerstandsfähigkeit ist es allerdings entscheidend, wie wir damit umgehen.

Die drei Spielräume: Welche Gefühle füttere ich?

> „Klingt vielleicht komisch, meine Frage. Aber was genau macht dich denn so wütend auf deine Nachbarin?" – „Na, dass sie die Wäsche nicht abhängt." – „Da steht noch etwas dahinter. Die Sache mit der Wäsche ist das Eine. Die Bewertung, die du der Situation gibst, ist das Andere. Was ist es denn genau, was dich auf die Palme bringt?" – „Vielleicht, dass sie sich nicht an Werte hält, die man einfach respektieren muss, wenn man gut zusammenleben möchte. Und dass sie mir durch ihr Verhalten und ihren Tonfall zeigt, dass sie mit mir (und den anderen) machen kann, was sie möchte. Das macht mich richtig sauer." – „Wenn du das so erzählst, bekomme ich den Eindruck, dass du dich ihr gegenüber ziemlich ohnmächtig fühlst, oder?" – „Ja genau. Aber soll es mir egal sein? Das ist doch auch nicht ok, oder?" – „Welche Früchte bringt diese Form der Wut denn hervor?" – „Naja, ich bin halt frustriert." – „Möchtest

> du das sein?" – "Eigentlich nicht. Aber was ist die Alternative? Gleichgültig zu sein? Das möchte ich auch nicht. Dann zeige ich ihr ja, dass sie mit ihrem Verhalten durchkommt." – "Vielleicht gibt es auch noch etwas Drittes. Entscheidend ist, dass nicht nur die Sache an sich, sondern auch die Form deiner Bewertung dazu führt, dass du dich frustriert und hilflos fühlst."

Aus Sicht unserer psychischen Widerstandkraft ist es ein entscheidender Unterschied, ob ich für meine Position klar eintrete, selbst aktiv werde und meinen Spielraum gestalte oder ob ich verlange, dass Andere dies tun. Das eine Mal bin ich in meinen Angelegenheiten. Im zweiten Fall habe ich meinen Spielraum verlassen und befinde mich in Angelegenheiten eines Anderen. In welchem Spielraum ich mich befinde, erkenne ich daran, wohin meine Wut führt: in die konstruktive Handlung oder in die Ohnmacht.

> **An Zorn festhalten ist wie Gift trinken und zu erwarten, dass der andere stirbt. (Buddha)**

> "Ich brauche die Wut in mir, damit ich an einen Punkt komme, an dem ich mir innerlich sage: Jetzt reicht es mir! Dann habe ich genügend Energie, um Veränderungen anzugehen. Das geht mir oft so, wenn ich etwas vor mir herschiebe. Wenn ich mich genügend über den Zustand ärgere (beispielsweise eine dreckige Wohnung), dann kann ich das Projekt in Angriff nehmen", überlegt Cornelia.

Die Grundaussage der Wut lautet: „Hier ist etwas nicht in Ordnung! Hier läuft etwas falsch!" Wenn wir dann unsere Wut einsetzen, dann schafft diese Energie Klarheit. Dementsprechend ist es wichtig, in die Handlung zu kommen. Haben wir aber keinen Handlungsspielraum oder nehmen wir den vorhandenen nicht wahr, dann entwickelt die Wut eine zerstörerische Energie: Wenn die Wut ins Leere läuft und nichts bewirkt, dann droht sie, immer mehr in Aggression umzuschlagen. Wut wird oft synonym verwendet mit Aggression. Sie wird aber erst dann zur Aggression, wenn wir immer wieder gegen das Unvermeidliche ankämpfen und die Hilflosigkeit in uns wächst. Das macht aggressiv. Aggression ist das Verhalten, das aus der gewachsenen Wut entspringt und mit dem man andere schädigen möchte.

Aggression ist eine Reaktion auf...
- Angst und Bedrohung
- Ärger und Wut
- Druck, Stress und Überforderung
- Das Gefühl von Hilflosigkeit und der Verlust von Autonomie (Selbstwirksamkeit)
- Konflikte, die nicht gelöst sind

Jemand, der diese Form der Wut in sich nährt, wird nicht nur zunehmend aggressiv (gegen sich selbst oder gegen andere), sondern auch verbittert: er wird wütend auf Dinge, die er doch nicht ändern kann. Das aber ist frustrierend oder führt zur emotionalen Vergiftung. Zuerst vergiftet man sich selbst und dann wird man zur Giftspritze, die das Gift an andere weiter verteilt. Diese Form der inneren Vergiftung ist (selbst-)zerstörerisch.

> „Was machst du, um deinen Ärger dann zu verarbeiten?" – „Ich gebe zu, dass ich gerne über die Nachbarin lästere. Mit anderen darüber reden tut mir einfach gut."

Wenn wir uns über das Verhalten von jemandem aufregen, dann tut lästern erst einmal gut. Lästern gilt im Allgemeinen moralisch als verwerflich. „Das macht man nicht!"

Lästern ist ein Versuch, die eigenen Emotionen zu verarbeiten. Es tut gut, sich einig zu sein, dass der Andere im Unrecht ist. Das schweißt zusammen und hilft, aus dem Gefühl der Unterlegenheit heraus zu gelangen.

Und dennoch hat Lästern konkrete Konsequenzen für alle Beteiligten.

Die Auswirkungen von Lästern

- Man ist mit den Gedanken beim Anderen.
- Man nimmt die eigenen Gefühle nicht wahr.
- Die Negativität nimmt unterm Strich zu, weil man andere mit hineinzieht.
- Man sucht keine Lösung der Situation, sondern vertieft Gräben.
- Es entstehen Koalitionen: Man spricht von „Uns" und „Denen" oder „Mir" und „Dem"/„Der".
- Man wartet direkt auf eine weitere Situation, die einen selbst bestätigt und über die man sich empören kann. („Hast du schon mitbekommen, was sie wieder gesagt/getan hat?")
- Die Atmosphäre wird weiter vergiftet durch das Lästern.
- Man fühlt sich im Grunde genommen als Opfer, überspielt dies aber durch das Rechtbekommen des „Verbündeten".
- Bedürfnisse – die eigenen und die des Anderen – werden nicht in den Blick genommen.
- Man geht dem Gefühl der Ohnmacht aus dem Weg durch das Herabsetzen des Anderen.
- Der Fokus auf die andere Person engt sich immer mehr ein. Man sieht nur noch das Schlechte am Anderen („Wenn ich die schon lachen höre...")

- Man verpflichtet sich auf die Meinung, die man gemeinsam vom Anderen hat und tut sich zunehmend schwer, diese zu ändern aus Angst davor, dem Lästerpartner gegenüber illoyal zu werden.
- Der Andere ist der „Bösewicht", der (moralisch) im Unrecht ist.
- Man unterstellt dem Anderen automatisch eine negative Absicht.
- Gefühle wie Frust, Empörung, Ärger, Wut, Hilflosigkeit, Ohnmacht, Isolation nehmen zu.
- Man befindet sich nicht in der eigenen Angelegenheit und nutzt den eigenen Spielraum nicht. Mit der Zeit geht der Blick für den eigenen Spielraum mehr und mehr verloren und Lösungsorientierung ist kaum noch möglich.

In drei Schritten zu mehr Gelassenheit

1. Schritt: Change it!

Was anderes als Lästern ist das Dampfablassen. Im Gegensatz zum Lästern hat Dampfablassen aber weniger unerwünschte „Nebenwirkungen". Der größte Unterschied: während man beim Lästern mit der Aufmerksamkeit nur beim „Übeltäter" ist, ist man beim Dampfablassen auch bei sich und den eigenen Gefühlen.

Die Wirkung des Dampfablassens
- Man redet darüber, was die Situation bei einem selbst auslöst. („Es regt mich auf, dass...")
- Man nimmt die eigenen Gedanken und Gefühle wahr.
- Beim Dampfablassen möchte man nicht, dass der Andere einstimmt und mitmacht, sondern nur, dass der andere zuhört. Wenn man Dampf ablässt und das Gegenüber den Anderen schlecht macht, rutscht man meistens automatisch in eine Verteidigungsposition dessen, über den man redet.

- Man sucht eine Lösung der Situation, zumindest eine mögliche Form des Umgangs damit. („Ich weiß nicht, wie ich damit umgehen soll.")
- Es entstehen keine Koalitionen. Man fühlt sich mit dem Anderen verbundener, weil er nur der Auslöser der Wut ist. Denn mich trifft nur das, was mich auch be-trifft. Das bedeutet: der andere kann mich nur treffen, wenn ich dafür anfällig bin. („Die trifft einen wunden Punkt in mir, weil ich es nicht mag, wenn andere keinen Blick für die anderen haben.")
- Man fühlt sich nicht als Opfer, weil man in den eigenen Angelegenheiten bleibt. Es sind meine Gedanken und Gefühle, die der andere nur auslöst. („Ich kann es nicht ausstehen, wenn jemand sich so verhält!")
- Es geht um Bedürfnisse und nicht um Recht haben wollen. („Ich wünsche mir, dass sie mich ernst nimmt.")
- Man stellt sich dem eigenen Gefühl der Ohnmacht.
- Der Fokus auf die andere Person engt sich nicht ein, weil man bei der Situation bleibt und keine riesen Geschichte daraus macht.
- Vorbei ist vorbei! Wenn ich mich „ausgekotzt" habe, ist die Luft bereinigt. („Danke für`s Zuhören!")
- Gefühle wie Erleichterung, Verbundenheit und Zufriedenheit nehmen zu. („Das tat jetzt gut!")
- Man befindet sich in der eigenen Angelegenheit und nutzt den eigenen Spielraum. Mit der Zeit wächst der Blick für den eigenen Spielraum mehr und mehr. („Ich überlege mir, wie ich in Zukunft reagieren soll.")

- Die Negativität nimmt unterm Strich ab, weil man die Gefühle verarbeitet.
- Man bleibt kreativ und lösungsorientiert. („Wenn sie mir das nächste Mal begegnet, frage ich sie, warum sie die Wäsche hängen lässt.")

Wenn Sie sich nun fragen: „Woran merke ich, ob ich lästere oder Dampf ablasse?" Der Unterschied liegt nicht an der Wortwahl. Es ist eine Frage des Bewusstseins: Bin ich mir dessen bewusst, dass ich wütend bin und ich nun meine Wut verarbeiten möchte? Dann lasse ich Dampf ab. Bin ich in Gedanken nur beim Gegenüber und geht es mir darum, sie oder ihn schlecht zu machen, damit es mir besser geht? Dann lästere ich.

Durch das Dampfablassen bekommt die Wut eine gestalterische Energie. Denn diese Form der Wutkraft hat eine klärende Funktion: sie ordnet, klärt und vereinfacht die Angelegenheiten.

„Fällt dir noch etwas anderes ein, wie du die Situation ändern kannst?" - „Naja, ich kann ihre Wäsche abhängen. Aber das mache ich kein zweites Mal." - „Fällt dir sonst noch etwas ein?"

Wir überlegen gemeinsam:
- Cornelia kann ihre Wäsche woanders aufhängen.
- Sie könnte bei der Eigentümerversammlung einen Antrag stellen, dass die Trockenzeit begrenzt oder eine andere Lösung gefunden wird.

2. Schritt: Love it!

„Erinnert dich deine Nachbarin an jemanden aus deiner Ursprungsfamilie?" Sie überlegt längere Zeit. „Jetzt, wo du es sagst: an meine ältere Schwester. Die war auch immer rechthaberisch und hat mich auflaufen lassen. Das ist jetzt wirklich krass, weil mir das nie bewusst war. Aber die beiden sind sich wirklich etwas ähnlich." – „Dann bedient das Ganze also eine alte Wunde in dir, die die Nachbarin „nur" wieder aufreißt.

So ist es oft im Leben: wenn wir ein Thema haben, welches wir noch nicht verarbeitet haben, dann schickt uns das Leben immer wieder Situationen, in denen wir „üben" dürfen. So können wir uns fragen, was wir daraus lernen können.

3. Schritt: Leave it!

„Was meine Nachbarin anbelangt: Ich gehe ihr, wo es geht, aus dem Weg. Und wenn sie anfängt zu schimpfen, mache ich auf dem Absatz kehrt. Die Freiheit nehme ich mir."

Exkurs: Gut mit Wut

Change it! – Fragen Sie sich: Was kann ich ändern? Wo habe ich einen Einflussbereich?

Die destruktive Wut in uns wächst dann, wenn wir an der falschen Stelle kämpfen und die Wut zu nichts führt. Daher ist die entscheidende Frage: Wo kann die Wut zu einer konstruktiven Veränderung führen?

Change it! – Achten Sie auf Ihren Atemrhythmus

Atmen Sie bis tief hinunter in den Bauchraum. Dann lassen Sie den Atem langsam wieder ausströmen. Halten Sie dann den Atem an und zählen Sie von 1001 bis 1006 (eintausendundeins ... eintausendundsechs), dann atmen Sie wieder ein, aus und halten den Atem wieder an, während Sie zählen. Machen Sie das einige Male und Sie sind ruhiger und gelassener.

Love it! – Gestehen Sie sich Ihre Wut ein und lassen Sie Dampf ab

Ein „Ich bin nicht wütend" mit zusammengepressten Zähnen dient nicht Ihrer Glaubwürdigkeit. Versuchen Sie es auf die ehrliche Art – zumindest sich selbst gegenüber: „Falls mich jemand sucht, ich bin gerade auf 180!" Wenn Sie Ihre Wut schriftlich oder verbal ausdrücken, ist sie beim Namen genannt. Die Wut beim Namen zu nennen, nimmt ihr die Macht über uns.

Love it! – Fragen Sie sich, weshalb Sie wütend werden
Warum sind Sie eigentlich so wütend? Was genau löst die Wut in Ihnen aus? Was mich trifft, hat etwas mit mir zu tun. Was ist mein Bedürfnis? Was kann ich an der Situation über mich lernen? Was ist wohl die Aufgabe für mich, die zu mehr persönlichem Wachstum führt? Geht es darum, mich mehr abzugrenzen? Mische ich mich zu sehr in andere Angelegenheiten ein? Renne ich etwas hinterher, was ich nie erreichen kann und mache mich dadurch abhängig? Etc.

Love it! – Versetzen Sie sich in den Anderen hinein
Versetzen Sie sich in das Gegenüber und überlegen Sie, welche Motive sich hinter seinem Verhalten und seinen Worten verbergen könnten. War es wirklich ein Angriff auf Sie? Hat er absichtlich so gehandelt? Oder war es vielleicht nur Unwissenheit, Unbeholfenheit oder Gedankenlosigkeit? Ist er vielleicht selbst schlecht drauf, hat sich über einen anderen geärgert? Ist er überhaupt in der Lage, aufgrund seiner Lebensumstände und seiner Persönlichkeit anders zu reagieren?

> Wir können nur dann empathisch sein, wenn wir hinter die Fassade des Gegenübers schauen und uns fragen, weshalb er oder sie so handelt.

Love it! – Nehmen Sie Ihre Wut auf den Arm!
Singen Sie Ihre ärgerlichen Gedanken oder sprechen Sie sie mit einer Micky Mouse Stimme aus. Wenn Sie dies tun, dann müssen Sie unwillkürlich lächeln oder lachen und der Ärger ist für den Moment verflogen.

Leave it! – Verlassen Sie den Kampfplatz!
Gehen Sie, wenn Sie starke Wut spüren, zunächst einmal aus der Situation, eventuell mit der Bemerkung: „Wir reden später nochmals darüber." Denn: im Ärger sagt und tut man Dinge, die man hinterher oft bereut oder einem sogar schaden.

Leave it! – Setzen Sie Ihre Wut in Bewegung um
Fahren Sie Fahrrad, joggen, walken, sausen Sie die Treppen im Treppenhaus ein paar Mal hoch und runter, oder schrubben Sie die Badewanne. Am besten ist eine Aktivität, die Sie aus der Puste bringt. Dies lenkt ab, baut körperliche Anspannung ab und macht den Kopf wieder frei.

Love it! – Versöhnen Sie sich mit sich selbst
Und wenn Sie alles versucht haben und es nichts gebracht hat, dann dürfen Sie Ihren Blick auch auf sich selbst lenken und sich selbst mitfühlend betrachten. Das Mitgefühl, das Sie sonst einem guten Freund oder einer guten Freundin entgegenbringen, dürfen Sie auch sich selbst gegenüber aufbringen. Es kann heilsam sein, wenn Sie den Kampf loslassen und warmherzig auf sich selbst blicken.

Mitgefühl statt Mitleid

„Gestern brach es mir schier gar das Herz", bricht es aus Magdalena hervor. „Mein Sohn ist geschieden und seine Tochter – also meine Enkelin – lebt bei ihm, weil seine Ex-Frau psychisch krank ist. Gestern war diese auf Besuch da. Die Kleine wollte mit der Mama auf den Spielplatz gehen und ihr zeigen, was sie alles kann. Aber die Mama saß nur im Sessel und spielte an ihrem Handy rum. Sie hat sich überhaupt nicht für ihre Tochter interessiert. Da bat die Kleine ihre Mama, ob sie zusammen etwas spielen. ‚Ja, ja', hat die Mama gesagt und dann an ihrem Handy rumgemacht. Die Kleine stand daneben und schaute ihre Mama traurig an. ‚Mama, du wolltest doch noch mit mir spielen', hat sie es nochmal versucht. Dann hat die Mama auf ihre Uhr geschaut, ist aufgestanden und hat gemeint, dass sie jetzt wieder gehen müsse. Die Kleine stand nur da mit Tränen in den Augen. Als die Mama weg war, hab ich die Kleine gefragt, ob wir etwas spielen sollen. ‚Nein, Oma. Ich wollte mit Mama spielen und nicht mit dir.' Was soll ich da sagen? Wie soll ich in solch einer Situation reagieren? Das arme Mädchen." Alle Anwesenden schweigen betroffen. Ich frage Magdalena: „Welche Gefühle löste das Ganze in dir aus?" – „Hah! Natürlich Traurigkeit. Und Mitleid mit dem armen Kind, das einfach nur Zeit mit seiner Mutter verbringen wollte. Das versetzt mir jetzt noch einen Stich ins Herz. Aber ich bin auch wütend auf die Mama. Warum hat sie nicht gesehen, dass ihr Kind sie brauchte. Irgendwie hab ich mich auch hilflos gefühlt, weil ich nicht wusste, was ich machen soll. Darf ich was sagen? Oder soll ich lieber still sein?" – „Das hört sich sehr schwer an", meine ich.

> **Vom Abend bis zum Morgen saß er am Bett des Kranken und weinte. Am nächsten Morgen starb er, der Kranke aber lebte weiter. (Sadi, persischer Dichter)**

„Ja, das ist es auch. Ich spüre eine große Schwere in mir", bestätigt Magdalena.

Ich frage in die Runde: „Empfindet ihr Mitleid mit dem Kind?" – „Ja sicher!", lautet die einhellige Meinung. „Das arme Kind! Das ist doch schrecklich, was dieses Kind erleben muss." Das Erleben der Situation löste bei allen Anwesenden Mitleid aus. Alle identifizieren sich mit dem Leid des Enkelkindes von Magdalena, was die Stimmung ein wenig trostlos werden lässt.

Frage: Lösen die Worte von Magdalena bei Ihnen Betroffenheit aus? Erinnert Sie diese Situation an eine ähnliche, die Sie selbst erlebt haben? Wenden Sie sich ein paar Momente mit Ihrer ganzen Aufmerksamkeit Ihren Gefühlen zu.

Die drei Spielräume: Welche Gefühle füttere ich?

„Hast du dein Enkelkind heute schon gesehen?", frage ich weiter. „Ja, heute Morgen." – „Und? Wie hat es sich angefühlt?" – „Sie tat mir natürlich immer noch leid. Was muss dieses Kind alles mitmachen. Das ist ja gezeichnet für sein ganzes Leben." – „Was signalisierst du dem Kind denn durch deine Gedanken und Gefühle?" – „Dass ich unendlich traurig bin. Am liebsten würde ich ihr das Leid abnehmen und ihr eine unbeschwerte Kindheit ermöglichen." – „Traust du dem Kind zu, mit seiner Realität umgehen zu können?" – „Ich weiß nicht. Es hat es ja schon schwer." – „Sind das deine Gedanken oder die des Kindes?" – „Wahrscheinlich schon eher meine Gedanken."

Mitleid zu haben scheint einen hohen Wert darzustellen. Aber Mitleid vermittelt dem Anderen, dass er schwach ist und wir ihm nicht zutrauen, mit der Situation umgehen zu können. Die subtile Botschaft lautet: „Ich habe keine Hoffnung auf Linderung deines Leidens und vertraue dir und dem Leben auch nicht, dass es sich bessern wird." So gängig und verständlich diese Haltung ist – sie führt meist zu einer Abwehrreaktion des Bemitleideten, der in die Gegenposition schlüpft und entgegnet: „Es ist gar nicht so schlimm. Es geht schon." Eine echte Begegnung findet so nicht statt.

Pflegekräfte können dies bestätigen. Denn sie kennen Aussagen von Patienten nach Besuchen von Angehörigen, die in etwa wie folgt lauten: „Wissen Sie, ich möchte meine Angehörigen nicht belasten. Sie nehmen es so scher und können nicht damit umgehen, wie es mir geht." In dieser Situation spüren Pflegekräfte, dass das gefühlte Mitleid die Beziehung zu den Angehörigen oberflächlich werden lässt und der Mut schwindet, sich gegenseitig zuzumuten.

> Wir führen das Gespräch fort und ich frage Magdalena: „Das Kind ist traurig und enttäuscht. Das ist die Realität. Traust du dem Kind zu, einen Umgang damit zu lernen?" – „Ich wünsche es ihr." – „Was meinst du: Hilfst du ihr mit deinen Gedanken dabei?" – „Naja, wohl eher nicht. Aber was soll ich dann tun? Ich bin halt nun einmal traurig."

Es gibt zwei Arten von Traurigkeit. Die eine führt dazu, dass der Schmerz über die Situation ins Fließen kommt und durch die Trauer rein gewaschen wird. Das ist dann der Fall, wenn wir eine Situation annehmen können – mitsamt den Gefühlen, die sie auslöst. Wenn dies gelingt, spüren wir Erleichterung und sind in unserem Spielraum.

Die andere Art von Traurigkeit macht alles sehr schwer und führt dazu, dass der Schmerz größer wird. Diese Art von Traurigkeit entsteht durch die Ablehnung der Situation.

In drei Schritten zu mehr Gelassenheit

1. Schritt: Change it!

„Kannst du die Situation ändern?", frage ich Magdalena? „Ich weiß nicht. Ich würde meine Schwiegertochter gerne schütteln und wachrütteln. Aber ich habe keine Möglichkeit, das Ganze zu ändern. Was mich beschäftigt ist die Frage, wie ich mich das nächste Mal meinem Enkel gegenüber verhalten soll", meint Magdalena. „Was möchtest du ihr denn mitteilen?", frage ich sie. „Dass ich für sie da bin und will, dass es ihr gut geht." – Wir überlegen gemeinsam und finden folgende Ansatzpunkte:

> Wie reich und mächtig wir auch sein mögen, ohne Mitgefühl erfahren wir keinen inneren Frieden.
> (Dalai Lama)

- Eine gute Weise, Mitgefühl zum Ausdruck zu bringen ist die, wenn Magdalena ihrem Enkelkind das Gefühl gibt, dass dessen Gefühle sein dürfen: sie darf traurig sein und auch wütend – wenn ihr danach ist.
- Magdalena kann sie – wenn es sich anbietet – beispielsweise in den Arm nehmen oder auf den Schoß und dann fragen, wie es ihr denn mit der Begegnung mit ihrer Mutter geht.
- Sie kann ihrem Enkelkind auch sagen, dass sie die Situation selbst auch traurig macht. Was dann geschieht, ist natürlich nicht vorhersehbar. Vielleicht geht das Kind nicht darauf ein und lenkt ab. Falls doch, dann kann auch eine Stille eintreten, in der das Kind die Möglichkeit hat, ein Gespür für seine Gefühle zu bekommen und diese zu verarbeiten.

- Und wenn das Kind das Signal gibt, dann kann Magdalena sie fragen, was sie anschließend tun möchte. Der Blick nach vorne tut gut. Kinder können dann sehr schnell wieder fröhlich werden und ins Spiel eintauchen.

Viele von uns Erwachsenen haben in der Kindheit die Erfahrung gemacht, dass ihre Gefühle abgewertet wurden: „Ein Indianer kennt keinen Schmerz."/ „Das ist nicht schlimm. Jetzt steh auf."/ „Buben weinen nicht!" etc. Diese Botschaften ohne Mitgefühl können zu dem Grundgefühl führen: „Mit mir stimmt irgendetwas nicht. Meine Gefühle sagen mir etwas anderes als mein Kopf oder mein Umfeld." Da das Umfeld und der Verstand eine größere Autorität besitzen als das eigene Gefühl, beginnt eine Abspaltung – bei der die Gefühle unterliegen.

Wenn Magdalena ihrem Enkelkind zu erlauben vermag, seine Gefühle zuzulassen und auszudrücken, dann kann aus der schmerzhaften Situation etwas entstehen, woran ihr Enkelkind wachsen kann.

2. Schritt: Love it!

Um Mitgefühl entwickeln zu können, benötigen wir die Fähigkeit, unsere Gefühle wahrzunehmen und den Moment annehmen zu können – was nicht heißt, dass wir ihn billigen müssen. Zu sagen: „Es ist, wie es ist und ich stehe dir in dieser Situation bei – mit all den Gefühlen, die das Ganze auch bei mir auslöst", gibt dem Anderen Sicherheit. Wenn die betreffende Person Mitgefühl spürt, fühlt sie sich ernst genommen. Wenn wir Mitgefühl anstelle von Mitleid empfinden, signalisieren wir dem Anderen, dass wir bei ihm sind und die Situation, so schwer sie auch sein mag, mit ihm aushalten. Wir signalisieren: „Du bist nicht alleine! Weil ich bei mir bin, kann ich dir beistehen." Wenn dies gelingt, wächst ein tiefes Gefühl von gegenseitiger Verbundenheit. Meine Traurigkeit ist dennoch da. Aber sie hat etwas Befreiendes und darf ins Fließen kommen. Dann ist im Schmerz eine Erleichterung und ein Friede zu spüren und er fühlt sich lebendig an.

Die Wirkung von Mitgefühl:
- Es tut dem Betroffenen gut, weil jemand da ist und ihn ernst nimmt, ohne die Situation als ausweglos zu sehen.
- Mitgefühl gibt dem Betroffenen Sicherheit: „Ich darf sein, wie ich bin." Diese Haltung schenkt Hoffnung und Vertrauen ins Leben und signalisiert: „Meine Gefühle sind in Ordnung."
- Wenn ich Mitgefühl empfinde, dann signalisiere ich dem Anderen, dass sein Leben seine Angelegenheit ist. Ich begleite ihn nach Kräften auf seinem Weg – das ist mein Spielraum. Diese Haltung ist die Voraussetzung dafür, dass echte Nähe entstehen kann.
- Dadurch, dass jeder lernt, Verantwortung für seine Gefühle zu übernehmen, entsteht im Mitgefühl ein tiefes und heilsames Gefühl der Verbundenheit, das Trost schenkt.

Geschichte: Der verkrüppelte Schmetterling

Ein Mann beobachtete, wie ein Schmetterling durch die schmale Öffnung seines Kokons zu schlüpfen versuchte und sich dabei abmühte. Lange kämpfte der Schmetterling. Schließlich bekam der Mann Mitleid, holte eine kleine Schere und öffnete damit ganz vorsichtig etwas den Kokon, sodass sich der Schmetterling leicht selber befreien konnte. Aber was der Mann da sah, ließ ihn erschrecken. Der Schmetterling war ein Krüppel. Er konnte nicht richtig fliegen, stürzte immer wieder ab. Auch auf seinen Beinen konnte er sich nicht halten. Der Mann erzählte einem Freund davon und wie er dem Schmetterling geholfen hatte. Der Freund antwortete ihm: „Das war ein großer Fehler, du hättest ihm nicht helfen dürfen. Du

hast den Schmetterling zu einem Krüppel gemacht." Der Mann wollte dies nicht glauben. Der Freund fuhr fort: „Durch die schmale Öffnung im Kokon ist der Schmetterling gezwungen, sich durchzuzwängen. Erst dadurch werden seine Flügel aus dem Körper gepresst und können sich dann entwickeln. Und deshalb kann er richtig fliegen, wenn er es aus seinem Kokon geschafft hat." Der Mann wurde nachdenklich. „Weil du ihm den Schmerz und die Anstrengung ersparen wolltest, hast du ihm zwar kurzfristig geholfen, aber für sein Leben nichts Gutes getan – im Gegenteil!"
(Quelle unbekannt)

3. Schritt: Leave it!

„Die Situation zu verlassen, kommt für mich überhaupt nicht in Frage. Ich will da sein für mein Enkelkind." – „Also ist dies nicht das Mittel der Wahl für dich in dieser Situation", konstatiere ich.

Exkurs: Veränderungsschwierigkeiten

Kleine und große Grenzerfahrungen im Leben laden uns ein, aufzubrechen aus der inneren Enge mit dem Ziel, den eigenen Spielraum zu vergrößern und mehr innere und äußere Freiheit zu gewinnen. Der Weg des Volkes Israel aus der Gefangenschaft in Ägypten – der sogenannte „Exodus", der vor rund 3.000 Jahren stattgefunden haben soll – hin zum Ort seiner Bestimmung ist ein Bild für den Prozess, den wir immer wieder dann durchlaufen, wenn wir (innere) Grenzen in unserem eigenen Leben überwinden. Die Schritte, die das Volk aus der Gefangenschaft in die Freiheit gehen musste, sind dieselben, die wir gehen, wenn wir uns unseren Spielraum im Leben erobern. In der Forschung streitet man darüber, ob der Exodus in der dargestellten Form historisch ist (Exodus, Kapitel 2). Aber diese Frage ist nicht entscheidend. Viel wichtiger ist das, was an existentieller Aussage in dieser Befreiungsgeschichte steckt. Und bis heute ist es so, dass die Juden den Exodus persönlich nehmen und davon ausgehen, dass jeder Mensch diesen Weg auf sich nehmen muss, um seine Identität zu finden und zu einer reifen Persönlichkeit und Gottesbeziehung zu gelangen.

1. Die „Ägypten-Erfahrung": Die Anderen sagen mir, wer ich bin

> „Ich ärgere mich über meine Kollegen!", meint Simon. „Immer wieder laden sie ihre unerledigten Arbeiten auf meinem Schreibtisch ab. So als stünde ein Schild darauf: Ich übernehme gerne eure Arbeiten, wenn ihr nicht fertig werdet." – „Und was passiert dann mit dem Unerledigten?", frage ich. „Ehrlich gesagt? Ich erledige sie." – „Weshalb?" – „Erstens weil ich das kann. Das wissen die Kollegen. Und weil ich zweitens nicht den Mut aufbringe, die Sachen

> wieder zurück zu legen. Weil eigentlich ist es ja nicht „meins"." –
> „Was hindert dich daran, die Aufgaben wieder zurück zu legen?" –
> „Ehrlich gesagt die Befürchtung, wie sie dann mit mir umgehen."

Wir alle bekommen in unserer Kindheit Sätze mit auf den Weg, die uns Orientierung geben. Sätze wie: „Mach es allen recht! Streng dich an! Das macht man nicht! Denke daran, was die Leute sagen! Wenn du das machst, dann... Du bist schuld, dass es mir schlecht geht..." (vgl. Exkurs „Das innere Team")

Die Prägungen, die wir mit auf den Weg bekommen, können wehtun. Aber sie geben uns auch Sicherheit, Orientierung und Identität. Wir wachsen auf als Teil eines familiären, religiösen oder gesellschaftlichen Systems und befolgen die Stimmen zunächst unhinterfragt – so wie Simon. In dieser Phase weiß er, für wen er wichtig ist und er fühlt sich eingebunden. Gleichzeitig existiert eine Sehnsucht nach mehr authentischer Identität und – damit verbunden – auch eine Angst vor der Ungewissheit, die sich durch eine Änderung ergeben würde: „Was löse ich aus, wenn ich anders reagiere als gewohnt?" Mit der Zeit wächst eine Sehnsucht nach Veränderung und Freiheit. Aber die Macht der Gewohnheit, das Gefühl von Sicherheit sowie innere Überzeugungen und äußere Erwartungen hindern ihn daran, etwas zu verändern.

2. Das rote Meer: Konfrontation mit den alten Mustern und Ängsten

Meistens ist es der Leidensdruck, der uns dann an eine Grenze führt, an der es nicht mehr so weitergehen kann wie bislang: *„Mir reicht es jetzt! Ich bin nicht mehr länger der Depp vom Dienst für die Anderen!"*

Frage: Wenn Sie an eine Situation denken, die Sie ändern möchten: Was hält Sie davon ab?

Mit der Zunahme des Leidens wächst die Kraft zur Veränderung. Die wachsende Hilflosigkeit, verbunden mit zunehmender Wut über die empfundene Enge kann dazu führen, dass der konkrete Wille nach Freiheit sich nicht mehr verleugnen lässt. Das ist der Moment, an dem das Volk Israel aufgebrochen ist aus der Gefangenschaft in Ägypten. Sie hatten dort Sicherheit, eine Identität und die berühmten „Fleischtöpfe". Aber die Sehnsucht nach Identität und einem „gelobten Land" waren irgendwann so groß, dass der Aufbruch nicht mehr abzuwenden war. Doch der Weg führte das Volk an eine Grenze: Es stand am roten Meer. Hinter ihm der Pharao mit seinen Streitwägen und vor ihm das Meer. Es saß in der Falle. Doch Mose teilte – von Gott aufgefordert – das Wasser, so dass das Volk trockenen Fußes hindurchziehen konnte. Es musste sich allerdings der Unsicherheit stellen, dass die Wellen jederzeit zusammenbrechen und sie somit unter sich begraben könnten. Das Volk erreichte schließlich das rettende Ufer und der Pharao mitsamt seinen Streitwägen wurde unter den Fluten begraben.

Jeder Mensch verfügt über eine individuelle „Komfortzone" – also den Bereich, in dem man sich sicher fühlt und es bequem hat. Die Grenzen, wo das sichere Gefühl aufhört und die Überwindung beginnt, verlaufen individuell unterschiedlich. Ein Überschreiten dieser Grenze verursacht immer ein mulmiges Gefühl, weil man das gewohnte Umfeld verlässt. Wenn wir in der Krise die Kraft zur Veränderung aufbringen, dann müssen wir – wie das Volk Israel – diese Grenze überschreiten: die Grenze des Gewohnten und der Bequemlichkeit. Und wir müssen durch das Meer der Ängste und Befürchtungen. Alle inneren und äußeren Widerstände können sich in diesem Moment formieren, um uns daran zu hindern, dass wir ausbrechen aus der Gefangenschaft unserer persönlichen Enge. Wenn wir aber hindurchgezogen sind, dann merken wir, dass die Wasserfluten an Schrecken verlieren und vielleicht auch nur Illusion waren.

Es kann rückblickend äußerst bereichernd sein, zu erkennen, dass sich das Wagnis gelohnt hat:

- Indem Sie Ihre Komfortzone – also Ihren gewohnten Spielraum, in dem Sie sich sicher und wohl fühlen – verlassen, machen Sie die Erfahrung, dass Sie dem Leben nicht ausgeliefert sind. Sie können Ihre Ängste überwinden und Ihren eigenen Spielraum erweitern.
- Sie lernen vor allem sich selbst besser kennen und entwickeln sich weiter.
- Wenn Sie zu neuen Ufern aufbrechen, dann wirken Sie Ängsten und der Trägheit (dem inneren Schweinehund) entgegen.
- Wenn Sie Ihre Komfortzone immer wieder verlassen und Grenzen überschreiten, fällt es Ihnen zunehmend leichter.
- Das Selbstbewusstsein und die Selbstsicherheit nehmen zu. Sie wachsen an den Herausforderungen und können sich selbst besser einschätzen.
- Es ist ein tolles Gefühl und Erfolgserlebnis, eine große Herausforderung geschafft zu haben.

Ich frage Simon: „Welche Gedanken kommen dir? Was könnte passieren, wenn du eine Grenze setzt und die Arbeiten nicht erledigst?" Er überlegt: „Ich befürchte, dass meine Kollegen mich schneiden und ignorieren. Vielleicht lästern sie dann über mich wie sie es über andere auch tun."

Es gibt Situationen, in denen wir nicht wissen, was geschehen wird. Die Worst-Case-Erwartung geht davon aus, dass der schlimmste anzunehmende Fall eintreten wird.

Da wir den Ort jenseits der Grenze noch nicht betreten haben und nicht wissen, wie das Leben sich dort anfühlen wird, treffen wir Annahmen. Unser Geist ist so verfasst, dass er Wissenslücken mit Phantasien schließt. Meist sind dies intuitiv Worst-Case-Szenarien. Klar: hätten wir eine positive Vorstellung davon, wäre die Hemmschwelle geringer. Aber den schlimmsten anzunehmenden Fall zu erwarten, kann gefangen halten. Deshalb ändern wir uns oft erst dann, wenn das erlebte Leiden sich mit der Worst-Case-Erwartung etwa die Waage hält.

Diese Worst-Case-Erwartung kann uns lähmen und enorm viel Kraft kosten. Denken Sie einfach einmal daran, dass Ihr Kind um 22 Uhr zuhause sein sollte und nun ist es schon 23 Uhr. Sie erreichen Ihr Kind nicht auf dem Handy und dann hören Sie das Martinshorn. Viele Eltern haben dann Worst-Case-Szenarien im Kopf. Das Kind, das um halb zwölf Uhr unbeschadet nachhause kommt, versteht die enorme Erleichterung der Eltern genauso wenig wie die Schimpftirade, die es beim Heimkommen über sich ergehen lassen muss. Umgekehrt kann man Worst-Case-Szenarien aber auch bewusst einsetzen, um der eigenen Angst den Stachel zu nehmen. Die Frage: „Was könnte im schlimmsten anzunehmenden Fall geschehen?" deckt oftmals auch unbegründete Ängste auf.

„Was ist der Preis dafür, dass du die Arbeiten übernimmst?" – „Ich habe mehr Arbeit und – ehrlich gesagt – verliere ich in solchen Situationen die Achtung vor mir." – „Was würde geschehen, wenn du die Arbeiten in den kommenden Jahren weiterhin für deine Kollegen übernehmen würdest? Welche Konsequenzen hätte dies?", frage ich Simon. „Es würde immer mehr Arbeit werden. Klar! Mit mir kann man es machen. Ich setze keine Grenzen. Ich beobachte es ja jetzt schon, dass immer mehr auf meinem Schreibtisch liegt." – „Was würde dies bei dir auslösen?" – „Wut. Auf mich und meine Kollegen. Einfach ein ganz blödes und dreckiges Gefühl." – „Kann es für dich so weitergehen?" – „Nein. Zumindest nicht mehr lange."

3. Der Gang durch die Fluten: Das alte Verhalten ändern

Wenn wir bildhaft die innere Grenze überschreiten, müssen wir uns also den Befürchtungen und Gedanken stellen, die sich im Moment der Schwäche auftürmen wie die Wasserfluten. Wir wissen nicht, wie die Umstände sich verhalten, wenn wir uns ändern und können auf keinen Erfahrungswert zurückgreifen. Realistisch ist es, dass das Umfeld reagieren wird auf unsere Veränderung. Die Frage ist nur, ob es danach schlechter wird und die schlimmsten Befürchtungen eintreffen, oder ob sich die Situation verbessert.

„Was ist dein Ziel?", will ich von Simon wissen. „Ich möchte eine Grenze ziehen, ohne die Anderen zu verletzen und die Gemeinschaft zu verlieren." – „Ok. Eine Grenze zu ziehen ohne die anderen zu verletzen, das liegt in deinem Spielraum. Ob sich die anderen dennoch verletzt fühlen, das liegt nicht in deinem Spielraum oder Einflussbereich. Das ist deren Angelegenheit. Aber wir können schauen, wie du die Grenze angemessen ziehen kannst. Als Ziel kann genügen, dies einmal zu machen. Nur um zu sehen, dass es geht. Dabei sei dir allerdings bewusst und rechne damit, dass sich die Stimmen in dir zu Wort melden, die dich zurückhalten wollen. Fällt dir eine Möglichkeit ein, wie du die Grenze ziehen könntest?" – „Die einfachste Möglichkeit, eine Grenze zu ziehen, ist wohl die, meine Kollegen zu fragen: „Warum legt ihr eure Unterlagen auf meinen Tisch? Was wollt ihr damit aussagen?" – „Ein weiteres Schema, das dir dabei helfen kann, Grenzen zu setzen, ist folgendes. Es ist klar und dennoch wertschätzend."

Wenn man zu lange damit wartet, gegenüber anderen eine Grenze zu ziehen, dann wird der Ton vielleicht verletzend. Frühzeitig einmal ein „Nein!" zu setzen, signalisiert dem Gegenüber, dass ich meine Grenzen schütze. Folgendes Schema kann Ihnen helfen, ein klares und wertschätzendes Nein zum Ausdruck zu bringen.

1. Schildere die Sache:	„Du hast mir die Aufgaben auf den Tisch gelegt, die nicht meine sind."
2. Treffe dann eine klare Aussage, was nicht geht:	„Es wird mir zu viel." „Es ist nicht meine Aufgabe." „Ich werde sie (dieses Mal) nicht für dich erledigen."
3. Bringe dann zum Ausdruck, was geht:	„Wenn du Unterstützung brauchst, weil Unklarheiten da sind, kann ich dir dabei helfen." „Wenn es einmal ganz dringend ist, darfst du wieder auf mich zukommen."
4. Wiederhole gegebenenfalls das Gesagte, bis das Gegenüber dich gehört hat:	„Ich habe dies für mich beschlossen und bleibe dabei. Ich bitte dich darum, dies zu respektieren. Wie gesagt, ich unterstütze dich gerne, wenn Unklarheiten da sind."

4. Die Erfahrung der Wüste: Die neue Identität oder Rolle wächst

„Ich habe es gemacht. Ich habe ‚Nein' gesagt", erzählt Simon beim nächsten Treffen. „Ein Kollege hat mir wieder in meiner Abwesenheit Unterlagen auf den Tisch gelegt mit dem Vermerk, ich solle das erledigen. Daraufhin bin ich zu ihm gegangen und hab ihm die Unterlagen zurückgegeben." – „Und wie war es?" – „Natürlich sind all die Gedanken wieder gekommen, was passieren kann. Vor allem danach. Er hat etwas ungläubig reagiert und war wohl baff. Seitdem habe ich ihn nicht mehr gesehen." – „Und wie geht es dir jetzt damit?", frage ich neugierig. „Gemischt. Einerseits bin ich echt stolz und habe das Gefühl, meinen Spielraum erweitert zu haben. Das fühlt sich gut an. Auf der anderen Seite sind die Befürchtungen schon noch da, wie es jetzt weitergeht. Manchmal denke ich auch, ich hätte es sein lassen sollen. Unterm Strich aber überwiegt das Gefühl von Authentizität und Rückgrat."

Wir landen – wie das Volk Israel – in der Wüste. Hier leben wir ohne vorgezeichneten Weg und geraten vielleicht in Versuchung, in die alten Gewohnheiten und Gefangenschaften zurück zu kehren. Wir erkennen das Neue und verschmecken es. Zugleich hat sich aber eines geändert: Das, was zuvor Sicherheit gab, trägt nicht mehr. Hier ist es wichtig, ein Umfeld zu haben, das uns darin bestärkt, den Weg weiter zu gehen („Erlauber"), weil die alten Antreiberstimmen immer noch da sind und uns zurück in die Enge ziehen wollen („Hätte ich es doch gelassen!"). Es braucht also Visionen, Stimmen, Bilder, etc. die uns locken und bestärken, den Weg weiter zu gehen.

5. Das gelobte Land: Ein neues Lebensgefühl wächst in mir

„Es hat sich einiges geändert", berichtet Simon einige Zeit später. „Es gibt immer noch Kollegen, die mir ihre Unterlagen hinlegen. Aber der Kollege hat es nicht mehr probiert. Er begegnet mir sogar freundlich. Ich fühle mich noch immer erleichtert und bin etwas stolz auf mich, dass ich für mich eingetreten bin. Aber immer schaffe ich das nicht!" – „Darum geht es nicht. Wir müssen nicht die eine Einseitigkeit durch eine andere ersetzen. Das wäre schade, weil deine Hilfsbereitschaft ein großer Wert ist. Du würdest dich selbst verleugnen, würdest du diese über Bord werfen. Es kann nur darum gehen, dass du dich selbst freier fühlst, situativ einmal ‚Ja' zu sagen und das andere Mal eben ‚Nein'. Wenn das gelingt, dann wächst deine innere Freiheit und dein Spielraum. Es ist aber realistisch, dass dies nicht immer gelingt. Dann lässt du dich zu einem ‚Ja' hinreißen, wo du lieber anders entscheiden würdest. So ist das Leben. Mach dir nichts daraus. Jetzt weißt du, dass du es kannst. Du bist jetzt jedenfalls nicht mehr der, der zu allem ‚Ja und Amen' sagt. Das wissen die Kollegen nun."

Wenn wir im gelobten Land sind, finden wir eine neue innere Identität und haben unser Lebensthema mehr gefunden. Wo wir uns zuvor an äußeren Stimmen orientiert haben, leben wir aus der inneren Kraft und trauen der Intuition in uns. Mit der Zeit gewöhnen wir uns daran, dass der Weg nicht vorgezeichnet ist, sondern sich immer wieder neu in einzelnen Situationen, in die wir gestellt sind, unter unseren Füßen ebnet.

Einige Treffen später frage ich Simon, wie es ihm geht mit dem Nein-Sagen. Er erzählt: „Vor allem in Situationen, in denen ich nicht viel Energie zur Verfügung habe, falle ich wieder zurück in mein altes Verhalten und gebe meinen Kollegen nach. Aber es gibt sie immer wieder: diese Situationen, in denen ich diese Kraft spüre. Der Umgang mit meinen Kollegen ist längst nicht so desaströs, wie es mir meine Vorstellung suggeriert hat. Fast habe ich das Gefühl, dass sie mich mehr respektieren als früher. Jedenfalls fragen sie jetzt – das haben sie früher nicht gemacht."

Wie Sie höflich Nein sagen können

Anderen einen Gefallen tun oder eine Bitte annehmen, tut gut! Es wird mir signalisiert, dass ich wahrgenommen werde und dass ich für jemanden in einer Situation wichtig bin. Manche Dinge allerdings kommen dazwischen. Wenn ich nun „Ja!" sagen würde, wäre ich missmutig und verärgert, weil ich zu den Hauptaufgaben, die ich tun möchte, nicht komme.

Dazu kommt: Viele haben das Gefühl, dass das Leben anspruchsvoller und komplexer wird. Wenn wir in dieser Situation nicht unsere persönlichen Grenzen schützen, dann werden uns die Kräfte ausgehen. Daher sind wir von Zeit zu Zeit aus Selbstsorge herausgefordert, ein „Nein!" zum Ausdruck zu bringen.

Eine freundliche, aber verbindliche Art, „Nein" zu sagen liefert folgendes Modell:

1. Zeit gewinnen:
   „Das muss ich mir überlegen. Ich gebe dir dann eine Antwort und komme auf dich zu."

2. Welche konkrete Situation fällt mir ein,
   in der mir ein „Nein" gut tun würde?

3. Die Sache schildern:
   „Du hast mich gefragt, ob ich dir einen Gefallen tun kann."

4. Eine klare Aussage treffen, was nicht geht:
   „Am Dienstag kann ich (leider) nicht."
   „Es wird mir zu viel!"
   „Ich habe schon etwas vor."
   „Dieses Mal kann ich dich nicht unterstützen."

5. Eine klare Aussage treffen, was geht:
   „Beim nächsten Mal kann ich gerne…"
   „Welche Möglichkeiten haben wir noch?"
   „Eine Stunde könnte ich für dich übernehmen."
   „Wenn du Unterstützung brauchst, weil Unklarheiten da sind, kann ich dir dabei helfen."
   „Wenn es einmal ganz dringend ist, darfst du wieder auf mich zukommen."

6. Gegebenenfalls wiederholen

Worauf Sie achten sollten:

- Geben Sie keine lange Begründung, denn der andere will nicht wissen, weshalb etwas nicht geht, sondern was geht. Drängelnde Menschen werden durch Gründe zur Diskussion angeleitet.
- Menschen, die drängeln, haben kein Gefühl und Verständnis für die Kraftreserven des Anderen.
- Wiederholen Sie gegebenenfalls die Bausteine mehrmals. Manchmal braucht es einen dreifachen Durchlauf, bis ein vehementer Bittsteller gehört hat, dass Sie Nein! Sagen. Vor allem, wenn Sie sonst immer Ja! sagen.
- Nein-Sagen hilft auch dem Gegenüber, denn er weiß, woran er ist.

Humor hilft!

„Ich arbeite in der Notaufnahme einer Klinik. Neulich kam ein junger Patient mit einer Platzwunde am Kopf zu uns, der zudem stark alkoholisiert war. Als ich ihn behandeln wollte, raunzte er mich an: Lass die Griffel (Finger) von mir, alter Sack! Boah, war ich wütend", erzählt Wolfgang.

Die drei Spielräume: Welche Gefühle füttere ich?

„Was hast du in dem Moment gedacht?", frage ich ihn. „Na, ich dachte mir: Was bildet der sich ein? Der soll froh sein, dass ich ihn anfasse. Schließlich will ich ihm helfen. Was mich immer noch ärgert ist, dass er keinen Respekt vor dem Alter hat. Das war früher anders. Das macht man einfach nicht." – „Und zu welchen Gefühlen führte das bei dir?" – „Ich bin immer noch sauer und ärgere mich. Da setze ich mich für andere ein und dann ist diese Frechheit der Lohn. Das ist ja nicht das erste Mal gewesen. Solch ein Verhalten nimmt leider in den vergangenen Jahren immer mehr zu." – „Wie lautet deine Forderung an diesen jungen Patient?" – „Der soll mich respektieren und dankbar sein." – „Das ist er aber nun einmal nicht." – „Ja klar. Aber ich muss damit umgehen." – „Wenn er dich provozieren wollte, dann ist ihm dies geglückt. Er hat dich offensichtlich an einem wunden Punkt getroffen. Um ein Bild zu verwenden: Er hat dir ein Stöckchen hingehalten und du bist drüber gesprungen." – „Heißt das, dass mit mir etwas nicht in Ordnung ist und er das machen darf?"

Bei der Frage, in welchem Spielraum wir uns befinden, geht es nicht um Moral. Natürlich kann man die Aussage des Patienten verurteilen. Aber den Anderen ins Unrecht zu setzen und es dabei bewenden zu lassen, führt dazu, dass man seinen eigenen Anteil nicht sieht.

> „Es geht mir darum, was es mit dir macht. Und ja: du befindest dich nicht in deiner inneren Ordnung – sprich in deinen Angelegenheiten. Was hilft dir, solch einen Angriff leichter nehmen zu können?" – „Wenn ich drüber stehen könnte." – „Und was würde dir helfen, drüber stehen zu können? Alleine der Wille reicht offensichtlich nicht."

In drei Schritten zu mehr Gelassenheit

1. Change it!

> „Kannst du an der Situation etwas ändern?", frage ich Wolfgang. „Keine Ahnung. Am liebsten würde ich ihn in die Schranken weisen und rausschmeißen. Aber das geht ja nicht. Er ist ja ein ‚Kunde' von mir." – „Vielleicht ändert sich etwas, wenn du deine Haltung änderst."

2. Schritt: Love it!

Bei Angriffen oder in Stresssituationen neigen wir dazu, innerlich in den Kampf dagegen zu gehen. Die Gefahr ist groß, dass wir uns als Opfer der Umstände sehen und das Gefühl haben, keinen Handlungsspielraum zu besitzen. Dagegen ist Humor ein sehr wirkungsvolles „Heilmittel". Denn Humor ist die Begabung, der Unzulänglichkeit der Welt und des Menschen, den alltäglichen Schwierigkeiten und Missgeschicken mit heiterer Gelassenheit zu begegnen.

Folgende Funktionen besitzt der Humor:

- Psychologisch betrachtet hat Humor eine reinigende Wirkung, denn wer lacht, kommt aus seinen eingefahrenen Denkmustern und aus der damit einhergehenden Enge heraus.

- Humor und Lachen überwindet Gräben und stiftet Gemeinsamkeit, indem Menschen sich verstehen und ihre gemeinsamen Werte bestätigen. Wer gemeinsam lacht, fühlt sich nicht mehr alleine, und gemeinsames Lachen gibt Sicherheit.
- Humor hilft, einen Umgang zu finden mit der Dramatik des Lebens. Humor schafft eine Distanz zum Erlebten. Er schafft einen Perspektivenwechsel und dadurch Distanz zu unerfreulichen Situationen oder Personen, sodass man sie erträglich empfindet. Dadurch sinkt der Stresspegel, die Möglichkeit, flexibel mit der Situation umzugehen wächst und es verbreitet sich eine positive Grundstimmung.

Nicht alles, was als Angriff „rüberkommt", ist auch so gemeint. Es gibt Menschen, die einfach gerne sticheln oder spotten, weil es ihrer Art entspricht. Auf der anderen Seite gibt es Menschen, die Ironie nicht als solche erkennen und beleidigt reagieren. Wer Humor zeigt, neutralisiert die ursprüngliche Absicht des anderen, ihn anzugreifen oder zu destabilisieren. Wenn man dem Anderen recht gibt und dabei sogar übertreibt, kann man den anderen in seiner Aggressivität verunsichern.

> „Aber wie kann ich in solch einer Situation, wenn so ein Jungspund mich blöde anmacht, humorvoll sein? Die Aussage kam viel zu plötzlich für mich, als dass ich da noch locker bleiben kann."
> Wir überlegen, wie Wolfgang die Situation mit Humor nehmen kann:
> - „Ich könnte vielleicht sagen: Mecker nicht! Ziegenfutter ist knapp bei uns."
> - „Vielleicht könnte ich sagen: Freundchen, du hast keine Ahnung, wie alt der Sack vor dir wirklich ist!"

Es kann ein gutes Lebensmotto sein, sich selbst nicht zu ernst zu nehmen. In Situationen, in denen man vermeintlich verbal attackiert wird, gilt dies umso mehr. Möchte man Angriffe gegen sich geschickt abwehren, dann muss man über sich lachen können, indem man die eigenen Fehler und Verhaltensweisen auf die Schippe nimmt.

Man kann die verbalen Attacken unterstützen und noch eines draufsetzen. *„Du hast recht. Manchmal fühle ich mich sogar wie ein uralter Sack."*

Humor hilft natürlich nicht in jeder Situation. Aber gerade dann, wenn wir uns angegriffen fühlen in unserem Selbstwert und das Gefühl haben, in den Kampf ziehen zu müssen gegen den, der uns angreift, dann hilft uns Humor wie das rote Tuch eines Toreros, der den angreifenden Stier an sich vorbeiziehen lässt: Der Angriff verliert an Wucht und Dramatik.

„Wenn du dich angegriffen fühlst, ist es natürlich schwierig und tagesformabhängig. Hier ist es wichtig, dass du dir in Zeiten der Ruhe Gedanken machst, wie du in Zukunft damit umgehen möchtest und was du darauf antworten kannst. Somit bist du vorbereitet. Dein Unbewusstes stellt sich darauf ein und beim nächsten Mal bist du nicht mehr ganz so überrascht."

Maria, eine Teilnehmerin berichtet, dass sie Jahrzehnte lang unter ihrer Größe gelitten hat. Immer wieder fühlten sich Andere berufen, sie einfach unter den Armen zu packen und in die Luft zu heben oder Kommentare wie „Dich sieht man ja gar nicht" oder „Die Kleine will auch was sagen" loszulassen. „Zuhause habe ich mir dann in aller Ruhe eine humorvolle Gegenstrategie überlegt, um mich nicht mehr so sehr darüber aufzuregen. Heute gehe ich offensiv damit um und gebe als meine Größe „klein und stapelbar" an. Ich kämpfe nicht mehr und nehme mich auch nicht mehr ganz so wichtig wie früher. Dadurch ist mir kein Zacken aus der Krone gefallen. Ich nehme der ganzen Dramatik, die es früher hatte, den Wind aus den Segeln und kann über Kommentare auch einmal lachen. Und wenn mich jemand hochhebt, damit ich etwas sehe, dann sage ich zum Beispiel: ‚Ach so sieht die Welt von oben aus! Das hätte ich nicht gedacht.'"

Renate erzählt: „Mein Mann jammert immer, er werde alt und sei nicht mehr so fit wie früher. Ich konnte das nicht mehr mit anhören und habe zu ihm immer wieder gesagt: ‚Jetzt höre endlich auf mit dem Jammern!' Das hat aber nichts genutzt. Irgendwann habe ich intuitiv zur Medizin Humor gegriffen, um sein Selbstmitleid zu beenden. Als er wieder einmal am Jammern war, habe ich zu ihm gesagt: ‚Übrigens, ich habe mich angemeldet zum Kurs „Pflege älterer Angehöriger". Wir sollten dazu einen Termin mit der Krankenkasse vereinbaren, um deine Pflegestufe zu ermitteln.' Zuerst hat er mich angeschaut wie ein Pferd. Aber es hat genutzt. Immer, wenn er wieder in seinen Jammermodus verfällt, drohe ich ihm mit meiner Fortbildung."

Und Melanie berichtet von der Wirkung des Humors bei sich im Großraumbüro. „Mich hat es immer aufgeregt, wenn andere sich unterhalten haben, während ich mich konzentrieren musste. Ich habe die Kollegen dann immer um Ruhe gebeten, oder ein ‚Pscht' losgelassen. Zum Geburtstag haben sie mir dann große Mickey-Mouse-Kopfhörer geschenkt. Wenn es mir zu laut wird, ziehe ich diese an. Alle anderen müssen dann grinsen und werden automatisch etwas leiser."

3. Schritt: Leave it!

"Die letzte Option, die dir bleibt ist diejenige, die Situation zu verlassen und raus zu gehen." – "Das mache ich manchmal", berichtet Wolfgang. "Wenn es mir zu bunt wird, gehe ich raus und rauche eine. Da geht es mir nicht nur um die Zigarette. Der Abstand tut mir gut. Wenn ich wieder zurück komme, dann geht es mir wieder besser. Dann bin ich wieder gelassener."

Auch wenn Sie nicht rauchen kann es gut tun, kurz raus zu gehen an die frische Luft und Abstand zu gewinnen, bevor Sie wieder zurückkehren an die Stelle, an der das Leben spielt.

Exkurs: Ich bin dankbar für...

Im Seminar stelle ich die Frage in die Runde: Wofür bist du zurzeit dankbar?

Wofür sind Sie zurzeit dankbar? Notieren Sie all das, was Ihnen im Moment einfällt:

Im Seminar hat jeder einige Minuten Zeit zum Überlegen und um all das aufzuschreiben, was ihm in den Sinn kommt. Dann machen wir eine Runde, bei der alle die Freiheit haben, etwas zu benennen, was sie notiert haben.
Als wir mit der Runde zu Ende sind, hat sich die Atmosphäre im Raum spürbar verändert. Es ist, als wäre der Raum gefüllt mit positiver Energie. Das Resümee lautet: „Das tat jetzt richtig gut! Im Alltag ist man so oft darauf fixiert, auf das zu schauen, was nicht so gut klappt oder was einen stört. Den Blick gezielt auf das zu richten, was schön ist und wofür man dankbar ist, macht bewusst, wie viele kleine Momente es gibt, in denen man beschenkt wird."

Was die Glücksforschung heute wissenschaftlich bestätigt, kennen wir aus unserem Alltag: Eine der ältesten, wirksamsten und einfachsten Methoden, innere Kräfte zu mobilisieren, ist, dankbar zu sein. Was die Psychologie als Stärke und Ressource bezeichnet, gilt in den verschiedenen Kulturen und Religionen seit alters her als Tugend. Diese wird dann allerdings schnell zum Opfer, wenn wir kein Vertrauen aufbringen können, alles kontrollieren wollen oder wenn wir den Perfektionismus anstreben.

> Nicht die Glücklichen sind dankbar. Es sind die Dankbaren, die glücklich sind.
> (Francis Bacon, 1561–1626)

Für denjenigen, der das Leben kontrollieren möchte, ist jenseits des Kontrollbereichs das Chaos oder die Bedrohung. Dankbarkeit ist eine Orientierung auf das Gute im Leben. Sie verändert unsere Wahrnehmung und lenkt den Blick auf das Positive. Wenn wir dankbar sind, erkennen wir, dass jenseits der Grenze unseres Einflussbereichs (oder unseres Spielraums) etwas existiert, das freundlich auf uns zukommt und uns beschenkt. Der Dankbare rechnet damit, dass es das Leben (oder Gott) gut mit uns meint und würdigt die vielen kleinen Zeichen des geschenkten Glücks, die diese Annahme bestätigen.

Es geht bei der Haltung der Dankbarkeit um das Bewusstsein dafür, dass das Wesentliche im Leben Geschenk ist und nicht abhängt von unserer Leistung. Jemand, der dankbar ist, spürt, dass das Leben freundlich ist.

Die Grundfrage, wenn es um Dankbarkeit geht: Ist jenseits meines Einflussbereichs Bedrohung und Gefahr oder bin ich beschenkt?

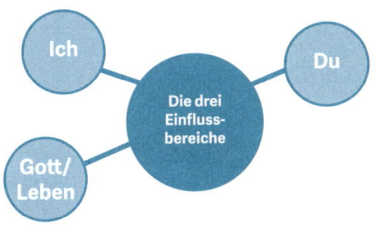

Im Seminar überlegen wir in kleinen Gruppen, wie man die Dankbarkeit im Leben stärken kann. Es entsteht ein Ideenpool, aus dem jede und jeder sich das auswählen kann, was gut tut und motiviert:

- Wenn es in einem Lebensbereich nicht so gut läuft, ist es hilfreich, sich anderen Lebensbereichen mit Dankbarkeit zuzuwenden, denn in extremen Stresssituationen ist der Blick auf das Gute im Leben manchmal völlig verstellt.
- Das Leben feiern. Auch kleine Begebenheiten, für die man dankbar ist. So wird deren Wirkung im Bewusstsein emotional verstärkt.
- Für die gute Stimmung am Morgen schon im Bett darüber nachdenken, wofür man heute dankbar ist. Dieses gute Gefühl nimmt man dann mit in den Tag und lenkt den Fokus, mit dem man dem Tag begegnet.
- Einmal einen Dankbarkeitsbrief oder eine kleine Dankeskarte schreiben an einen Menschen, der Gutes getan hat. Darin auch benennen, was sein/ihr Tun für mich gebracht hat. Dies kann auch eine Möglichkeit sein, Frieden mit einer alten Beziehung zu schließen.
- Die bewusste Entscheidung, abends oder einmal in der Woche in ein Dankbarkeitstagebuch zu schreiben. Dabei genügt es, drei Dinge zu notieren, für die man an diesem Tag dankbar ist, vielleicht verbunden mit einem kurzen Kommentar, warum das so ist.

Bei all den Vorteilen, die Dankbarkeit mit sich bringt, gibt es jedoch zwei kleine Einschränkungen:

- Dankbarkeit, vor allem anderen gegenüber, muss ehrlich gemeint und kein „Verkaufstrick" sein.
- Für Menschen mit Depressionen kann aufgrund ihrer Selbstzweifel das Dankbarkeitstagebuch eher zu negativen Gefühlen führen.

Die Glücksbohnen

Es war einmal ein Bauer, der steckte jeden Morgen eine Handvoll Bohnen in seine linke Hosentasche. Immer, wenn er während des Tages etwas Schönes erlebt hatte, wenn ihm etwas Freude bereitet oder er einen Glücksmoment empfunden hatte, nahm er eine Bohne aus der linken Hosentasche und gab sie in die rechte.

Am Anfang kam das nicht so oft vor. Aber von Tag zu Tag wurden es mehr Bohnen, die von der linken in die rechte Hosentasche wanderten. Der Duft der frischen Morgenluft, der Gesang der Amsel auf dem Dachfirst, das Lachen seiner Kinder, das nette Gespräch mit einem Nachbarn – immer wanderte eine Bohne von der linken in die rechte Tasche.

Bevor er am Abend zu Bett ging, zählte er die Bohnen in seiner rechten Hosentasche. Und bei jeder Bohne konnte er sich an das positive Erlebnis erinnern. Zufrieden und glücklich schlief er ein – auch wenn er nur eine Bohne in seiner rechten Hosentasche hatte.

(Quelle unbekannt)

Das Kreuz mit der Schwiegermutter

Johanna erzählt: „Ich ärgere mich kolossal über meine Schwiegermutter." Ich frage sie: „Worüber ärgerst du dich denn?" – „Es regt mich auf, dass sie mich so häufig kritisiert. Ein Beispiel hierfür: Ich mache an Weihnachten immer den Braten für die gesamte Familie. Und jedes Jahr ist es dasselbe: Jedes Mal, wenn wir am Heiligabend gemeinsam am Tisch sitzen und essen, bringt sie zum Ausdruck, dass ihr etwas am Braten nicht passt. Mal ist er ihr zu zäh, dann ist er versalzen, dann schmeckt er nach gar nichts... Jedes Jahr dieselbe Leier!"
Eine muntere Diskussion über Schwiegermütter beginnt in der Runde. Einige betonen, dass sie wirklich Glück mit ihrer Schwiegermutter hätten. Irgendwann beende ich den fröhlichen Austausch über das Für und Wider von Schwiegermüttern.

Die drei Spielräume: Welche Gefühle füttere ich?

„Was denkst du denn über deine Schwiegermutter, über dich, und über die Situation?", frage ich weiter. – „Sie soll mich bitte schön in Ruhe lassen! Und sie soll akzeptieren, dass ihr geliebtes Söhnchen es bei mir auch nicht sooo schlecht hat, wie sie meint. Ich habe nämlich den Eindruck, dass sie mir unterstellt, nicht genügend für ihn zu sorgen. Und an Weihnachten, da kulminiert es dann jedes Jahr in einer Spitze gegen mich vor der gesamten Familie. Ich wünschte mir, sie würde akzeptieren, dass ihr Sohn jetzt erwachsen ist." – „Das heißt, du nimmst diese Aussage von ihr persönlich? Du wertest sie als Angriff gegen dich?" – „Ja, absolut! Sie hat mich einfach auf dem Kicker. Und zwar schon von Anfang an!" – „Was sagt denn dein Mann dazu?" – „Ach der! Der sagt immer, ich soll mich nicht so aufregen und sie einfach reden lassen." – „Du forderst von ihr, dass sie dich akzeptiert und aufhört, gegen dich zu sticheln?" – „Ja." – „In wessen Spielraum befindest du dich in Gedanken? In deinem oder in dem deiner Schwiegermutter?" – „In dem meiner Schwiegermutter, fürchte ich." – „Wie es scheint, gibst du deiner Schwiegermutter durch deine Gedanken ganz schön viel Macht über dich und dein Selbstwertgefühl", resümiere ich.

In drei Schritten zu mehr Gelassenheit

1. Change it!

„Kannst du an der Situation etwas ändern?", frage ich Johanna. „Am liebsten würde ich meine Schwiegermutter ändern. Aber das ist aussichtslos. Die ändert sich nicht mehr, fürchte ich." – „Kannst du etwas Anderes ändern an der Situation?" – „Ich glaube nicht. Egal, wie ich den Braten mache: sie meckert immer. Nach der ersten Spitze gegen mich, dass der Braten zu fade schmecken würde, habe ich beim nächsten Mal ja mehr Salz genommen. Am Ende war es ihr dann zu viel. Ich kann es ihr nicht Recht machen."

2. Love it

„Vielleicht ist in diesem Fall die zweite Option, das Love it!, das Mittel der Wahl?", mutmaße ich. Johanna erwidert empört: „Wie? Ich soll meine Schwiegermutter lieben? Das ist wohl zu viel verlangt, oder? Das schaffe ich niemals." – „Vielleicht nicht gleich deine Schwiegermutter. Vielleicht müssen wir in eine andere Richtung denken. Ich lade dich ein zu einem Gedankenexperiment:

> Gestern war ich klug und wollte die Welt ändern. Heute bin ich weise und möchte mich verändern. (Mevlana Dschelaluddin Rumi)

Machen Sie es wie Buddha

Eines Tages kam ein Mann zu Buddha und beschimpfte ihn aufs Übelste. Buddha saß ruhig da und ließ die Beleidigungen gleichmütig auf sich niederprasseln. Irritiert fragte der Mann nach einer Weile, wieso Buddha nicht auf die Beschimpfungen und Beleidigungen reagiere.

Buddha antwortete ihm: „Wenn dir jemand ein Geschenk anbietet und du lehnst es ab, wem gehört dann das Geschenk?"
(Quelle unbekannt)

Verweigern Sie das „Geschenk" – soll der andere doch seine Befindlichkeiten behalten!

Stelle dir einmal vor, deine Schwiegermutter klingelt an eurer Haustüre. Du siehst vom Fenster aus, dass sie vor der Türe steht. Wenn dir nicht danach zumute ist, sie rein zu lassen: Was machst du dann?" – „Dann mache ich ihr einfach nicht auf!" – „Was machst du konkret?" – „Wenn ich durch das Fenster schaue und sehe, dass sie vor der Türe steht, dann reagiere ich nicht. Das ist sogar schon vorgekommen." – „Und was hast du dann gemacht?" – „Ich habe gewartet, bis sie gegangen ist." – „Und wie ging es dir dann?" – „Ich dachte mir: Glück gehabt!" – „Wenn Sie also an deiner Haustüre steht, und dir nicht danach ist, sie zu sehen, dann machst du ihr nicht auf?" – „Genau!" – „Wir können dieses Bild der Haustüre auch als äußeres Bild für unser Inneres betrachten und uns vorstellen, es gäbe so etwas wie eine innere Türe in dir. Durch diese Türe kommt all das in dich, was du eintreten lässt. Öffnest du deiner Schwiegermutter die Türe zu deinem Inneren?" – „Ich möchte sie nicht einlassen!" – „Und", so möchte ich weiter wissen, „was ist die Wirklichkeit?" – „In Wirklichkeit hat sich meine Schwiegermutter wahrscheinlich

> schon längst in mir eingenistet." – „An wem liegt das?", hake ich nach. „An deiner Schwiegermutter, oder an dir?" – „Wenn wir es so sehen, dann wahrscheinlich an mir!" – „Weshalb? Wie kommst du zu dieser Erkenntnis?" – „Ich habe ihr die Türe geöffnet und sie eingelassen!" – „Und jetzt wohnt sie in dir. Obwohl sie im Moment nicht da ist, nimmt sie viel in dir Raum ein. Das zeigt eines: Das Bild, dass du von ihr hast, ist schlimmer als die Realität." – „Naja, wenn du meine Schwiegermutter kennen würdest...", meint Johanna süffisant.

Wenn wir uns über jemanden aufregen und in Gedanken mit uns herumtragen, dann lösen wir uns sehr schnell von der realen Situation und auch von der realen Person und entwerfen das Bild eines Drachen. Das geht auch umgekehrt: dann, wenn wir verliebt sind, entfernt sich das Bild, das wir vom anderen haben, auch gerne von der Realität und aus einem gewöhnlichen Menschen wird in unseren Augen eine Prinzessin oder ein Prinz. Dieses Bild nimmt umso mehr Raum in uns ein, je mehr wir es ausgestalten.

Wie im Beispiel der Schwiegermutter kämpfen wir relativ schnell nicht mehr gegen die reale Person, sondern gegen das Bild, das wir in uns von dieser Person entwickelt haben. Der Drache existiert nur in unserem Kopf – nicht aber in der Realität.

> „Was würdest du deiner Schwiegermutter denn gerne sagen?", fahre ich fort. „Naja, ich würde sie gerne rausschmeißen und ihr sagen, dass sie mich in Ruhe lassen soll!", antwortet Johanna spontan. „Dann mache es!" – „Und wie soll ich das tun?" – „Da es sich um das Bild handelt, das du von deiner Schwiegermutter in dir trägst, kannst du es ändern oder auch kleiner werden lassen. Fakt ist: je mehr du gegen sie kämpfst, desto mehr Raum schenkst du ihr in

deinem Inneren. Was würdest du gerne machen, wenn sie ungefragt in eurer Wohnung auf dem Sofa sitzt? Phantasiere einfach, wie du gerne vorgehen würdest mit deiner Schwiegermutter." – „Ok. Ich stelle mir vor, wie sie bei mir auf dem Sofa sitzt und es sich gemütlich gemacht hat. Ich würde ihr gerne sagen, dass sie gehen soll." – „Dann mache es. Nur zu! Es ist nur das Bild von deiner Schwiegermutter, das du in dir trägst. Schmeiße sie raus!" – „Ok. Das fühlt sich gut an." – „Und was machst du dann?" – „Dann schließe ich die Türe ab, damit sie nicht mehr rein kommt." – „Was löst das in dir aus?" – „Ich kann aufatmen und ich spüre, dass ich ihr nicht ausgeliefert bin." – „Wichtig ist, dass du ein Gefühl dafür bekommst, selbstbestimmt zu sein. Stell dir doch einfach die Situation an Weihnachten vor, wenn sie wieder deinen Braten kritisiert. Was würde dir in dieser Situation helfen?" – „Mir würde die Vorstellung helfen, wie ihre Kritik an meiner inneren Türe abprallt." – „Du hast die Macht über das, was du einlässt in dir! Dieses Bewusstsein ist wichtig!" – „Und wenn mir das nicht immer gelingt?" – „Wie fühlt sich dieser Gedanke an, wenn du ihn denkst? Eher schwer oder leicht?" – „Schwer." – „Dann deshalb, weil du dich nicht in deinem Einflussbereich befindest. Du kannst die Zukunft nicht kontrollieren. So ist das Leben! Du kannst jedoch jetzt üben und deine Vorstellung aktivieren. Das hat auch schon eine Wirkung."

Love it! bedeutet also, sanft zu sich selbst zu sein und eine andere Haltung zu suchen, damit der Umgang mit der Situation leichter fällt. Zu dem negativen Bild, das sich in uns eingenistet hat, brauchen wir dagegen nicht sanft zu sein. Es braucht Energie, Mut und Entschiedenheit, dieses Bild zu verändern und negative Bilder und Gedanken bildhaft raus zu schmeißen.

„Wenn du bei dir bist und dich deiner Schwiegermutter und ihrer Kritik nicht mehr ausgeliefert fühlst, dann kannst du sie vielleicht auch mit anderen Augen sehen und das düstere Bild, das du von ihr hast, wandelt sich." – „Wie meinst du das?", fragt Johanna. „Mitgefühl für ihre Kritik kannst du nur entwickeln, wenn du dich nicht angegriffen fühlst. Und wenn du Mitgefühl für sie aufbringen kannst, dann fällt dir auf, dass sie vielleicht immer noch darum trauert, ihren Sohn hergeben zu müssen und nun nicht mehr so wichtig für ihn zu sein. Das ist nur eine Vermutung. Aber dadurch wächst vielleicht ein Verständnis für ihre Kritik. Sie sagt damit nämlich mit ihrem Meckern mehr über sich aus, als über dich."

3. Leave it!

„Als letzte Option bleibt mir, keinen Braten mehr zu kochen oder nicht mehr zum Familienessen am Heiligabend zu gehen. Das ist so etwas wie mein Rettungsanker für den Notfall. Das habe ich meinem Mann auch schon mitgeteilt.", resümiert Johanna. „Aber ich versuche es erst einmal mit der zweiten Option: dem Love it!"

Wenn Sie jemand belastet und innerlich verfolgt, dann kann Ihnen folgende Übung helfen:
Stellen Sie sich vor, dass sich eine Person, mit der Sie sich schwer tun, in ihrer realen Wohnung befindet. Gehen Sie in Gedanken durch alle Räumlichkeiten Ihrer Wohnung und spüren Sie nach, ob diese Person darin vorkommt. Falls ja, dann verweisen Sie die Person nachdrücklich des Feldes und begleiten Sie diese bis zur Wohnungs- oder Haustüre. Sagen Sie der Person, dass Sie keinen Besuch mehr wünschen. Achten Sie darauf, dass die Person Ihre Wohnung verlässt und schließen Sie

danach die Türe fest zu. Anschließend gehen Sie nochmals durch die Wohnung und wiederholen dasselbe, sooft Sie die Person darin entdecken können. Sie ist sicherlich nicht beim ersten Mal freiwillig und vollständig gegangen. Gerade, wenn sie schon länger in Ihnen „hauste", wird sie sich dagegen wehren, rausgeschmissen zu werden.

Führen Sie die Übung solange durch, bis Sie das Gefühl haben, innerlich befreit zu sein und wieder aufatmen zu können.

Anschließend können Sie sich die Frage stellen, wen Sie anstelle der für Sie unangenehmen Person gerne zu sich einladen möchten. Wer oder was tut Ihnen gut? Was soll den Raum in Ihnen positiv füllen anstelle dessen, was bislang negativ besetzt war?

In der Folgezeit können Sie, sobald sich die Person in Ihnen wieder Raum nehmen möchte und zu Wort meldet, diese im Bewusstsein Ihrer eigenen Vollmacht erneut des Feldes verweisen. Bleiben Sie möglichst konsequent darin, sich innerlich zu reinigen.

Was Sie sonst noch unterstützen kann:

- Das, was belastet aufschreiben und den Zettel anschließend zerknüllen oder verbrennen.
- Laut schreien. Am besten in einem geschützten Raum. Zum Beispiel im Auto.
- Sport machen oder gegen einen Boxsack schlagen.
- Einen Stein in den Fluss werfen, der ein Symbol für die innere Schwere darstellt. Vielleicht tut es Ihnen gut, diesen zu beschreiben mit all den negativen Gedanken, die Sie im Kopf haben.

Die schwierige Kollegin

„Was mir echt zu schaffen macht, ist eine Kollegin, die schlechte Stimmung verbreitet. Sie motzt über alles und verspritzt ihr Gift in der ganzen Abteilung. Dazu kommt, dass sie intrigant ist und falsche Sachen – auch über mich – in Umlauf bringt. Egal was passiert: sie dreht alles so hin, dass sie am Ende gut da steht", erzählt Evelyn. „Was denkst du über die Person?", will ich wissen. Evelyn überlegt: „Soll ich ehrlich sein? Ich halte sie für intrigant, unfähig und bösartig. Ihre fehlende Kompetenz überspielt sie dadurch, dass sie anderen die Schuld gibt."

Es gibt Menschen, die mit ihrer bloßen Anwesenheit die Stimmung im Raum runterziehen. Sie versprühen durch ihr Auftreten ihre Negativität wie Andere ein Zuviel an Eau de Toilette. Wann immer sie den Mund aufmachen, ist es, um sich zu beschweren, um schlecht über andere zu reden oder einfach nur, um ihr Leid zu klagen. Die Sonne ist ihnen zu warm, der Regen zu nass und überhaupt ist kein Wetter nach ihrem Gusto. Solche Menschen fordern uns heraus!

> Kein Mensch war ohne Grund in unserem Leben. Der eine war ein Geschenk, weil wir Spaß mit ihm hatten. Der Andere war eine Lektion, weil wir an ihm gewachsen sind.

Die drei Spielräume: Welche Gefühle füttere ich?

„Was wünschst du dir?" – „Ich will, dass sie aufhört, falsche Dinge über mich und andere zu erzählen. Das bringt mich auf die Palme. Ich habe mir auch schon überlegt, ob ich sie zur Rede stellen soll. Aber das bringt ja bei solchen Personen nichts. Ich finde, der Chef sollte endlich mal einschreiten." – „Was lösen all diese Gedanken bei dir aus?" – „In erster Linie Empörung, wie man so falsch sein kann. Aber auch Frust, Wut und Unverständnis. Und eine gewisse Hilflosigkeit, weil ich nicht weiß, wie wir sie verändern können." – „Und wie reagierst du, wenn du solche Gefühle hast?" – „Ich gehe ihr so gut wie möglich aus dem Weg. Und – ehrlich gesagt – ich lästere über sie. Aber das finde ich auch ok. Denn schließlich muss ich ja auch irgendwie einen Umgang mit ihr finden." – „Möchtest du mit ihr klarkommen?" – „Mit der??? Kaum vorstellbar."

Die Gefahr im Umgang mit negativen Menschen ist, wie im Beispiel von Evelyn, selbst negativ zu werden. Sei es dadurch, dass man selbst einen negativen Blickwinkel annimmt und sich gewisser Weise auf die Negativität einlässt oder dass man sich darüber aufregt.

Doch wie geht man nun mit einem negativen Menschen um, ohne sich selbst von der Negativität anstecken zu lassen und ohne sich darüber zu ärgern?

In den Angelegenheiten der Kollegin sein

Auslösendes Ereignis, Situation, Reiz	Übellaunige Kollegin, die schlechte Stimmung ausstrahlt, schlecht über andere redet, etc.
Bedeutung, Gedanke, Bewertung, Einschätzung von Evelyn	„Die soll das nicht machen." „Sie soll besser gelaunt sein und ihre Negativität für sich behalten." „Am besten wäre es, sie wäre nicht mehr da." „Warum kann ich nicht souverän mit ihr umgehen?"
Gefühle	Frust, Hilflosigkeit, Ärger, Wut, Stress, Druck etc.
Konsequenz: Verhalten	Rückzug, Grübeln, Anklage, Lästern etc.
In welcher Angelegenheit befindet sich Evelyn?	→ In der Angelegenheit Gottes/des Lebens (Wenn sie gegen sich selbst kämpft und *im Moment* gerne souverän und gut gelaunt wäre). → In der Angelegenheit der Kollegin (Wenn sie der Meinung ist, diese soll sich ändern).

Wenn Menschen Negativität ausstrahlen, können die folgenden vier Schritte dabei unterstützen, die eigene Positivität zu bewahren:

1. Schritt: Love it!
Erkennen, was geschieht

Der erste Schritt muss nicht immer darin bestehen, eine Veränderung der Situation zu suchen im Sinne von Change it!. Man kann auch mit Love it! beginnen: Was hilft mir, eine Haltung zu finden, die es mir erlaubt, die Kollegin annehmen zu können? Negativität, negative Gedanken und negative Gefühle entstehen in einem selbst. Angenommen, wir hätten keine nega-

> Wer unzufrieden ist, findet keinen passenden Stuhl.

tiven Anteile in uns: dann könnte auch niemand diese in uns auslösen. Jeder von uns hat eine bestimmte Art und Weise, auf Menschen zu reagieren, die wir unsympathisch finden. Im Laufe unseres Lebens erlernen wir Reaktionsmuster auf solche Typen, die uns reizen, die sich durch Wiederholungen festigen. Unsere Gedanken, Gefühle und unser Verhalten werden gewissermaßen automatisiert und können durch die bloße Gegenwart eines Menschen, eine Gestik oder ein Wort ausgelöst werden. Wichtig: Die negative Person ist nicht dafür verantwortlich, dass sie in uns diese „Knöpfe" drückt. Vielleicht will sie diesen „Knopf" bewusst in uns drücken. Oft ist es jedoch so, dass dies unbewusst geschieht und meist auch ungewollt. Sie kann genau genommen nichts für die Existenz dieser „Knöpfe" in mir. Wir geben dieser Person jedoch die unbewusste und ungewollte Erlaubnis und damit die Macht, diese zu aktivieren. Die äußere Person mag der Auslöser, aber nicht der Grund für deren Existenz sein. Durch die Erkenntnis, dass besagte Knöpfe in uns selbst existieren, wird es erst überhaupt möglich, sich als aktiver Gestalter anstatt als Opfer der Situation wahrzunehmen.

Den eigenen Ärger nutzen

„Wie gehst du mit deinen negativen Gefühlen um?", frage ich Evelyn. „Ich ärgere mich über diese Gefühle in mir. Ich möchte gerne darüberstehen und mich nicht auf das Niveau der Kollegin herablassen. Am liebsten wäre mir, wenn ich resilient wäre und diese Negativität abprallen lassen könnte." – „Dann kommt also zum Ärger über die Kollegin der Ärger über dich selbst hinzu?" – „Ja irgendwie schon." – „Was wäre, wenn du dich ärgern dürftest? Wenn es nicht darum ginge, Ärger gänzlich zu vermeiden, sondern vielmehr darum, zu ergründen, wie du diesen Ärger dann reduzieren und sogar in etwas Positives umwandeln könntest?" – „Das würde mir etwas den Druck nehmen."

Der erste Reflex ist meistens: „Ich möchte diesen Ärger nicht. Die Person soll aufhören, so zu sein." Solche Erziehungsmaßnahmen greifen in der Regel aber nicht. Je mehr wir versuchen, die andere Person zu verändern, desto mehr geht sie erfahrungsgemäß in den Widerstand und desto mehr Macht bekommt sie über uns.

Wie schon erwähnt: Sie dürfen sich über solche Menschen ärgern. Der Ärger ist ein Indikator dafür, dass Sie etwas an der anderen Person stört. Wenn Sie sich über jemanden ärgern, dann können Sie sich fragen: Weshalb ärgere ich mich? Welche sind denn meine „Knöpfe"? Kann ich Reaktionsmuster bei mir erkennen? Damit befinden sie sich in ihrem eigenen Spielraum oder ihren eigenen Angelegenheiten.

> „Wenn ich es genau überlege, dann ärgere ich mich deshalb über meine Kollegin, weil mir ein gutes Miteinander sehr wichtig ist. Ich will mich wohlfühlen und gut mit den anderen verstehen. Schließlich verbringen wir jeden Tag acht Stunden miteinander. Mehr Zeit also, als ich mit meinem Mann unter der Woche verbringe. Da ist es mir wichtig, dass wir uns die Zeit angenehm gestalten. Außerdem ist mir fachliche Qualität wichtig und, dass man ehrlich und offen miteinander umgeht. All das also, was diese Kollegin nicht macht."
> – „Das sind alles hohe Werte! Aber merkst du, dass du, wenn du gegen sie ankämpfst, selbst negativ wirst und diese Werte nicht mehr lebst?"

Wenn wir die Person nicht ändern können, dann lautet die Frage, ob wir sie und die Situation als gegenwärtige Realität bejahen können, um dann zu schauen, wie wir damit umgehen lernen. Vielleicht erfahren wir dann etwas über uns.

Sind automatische Reaktionsmuster am Werke, werden diese häufig von ebenfalls automatischen, schwer kontrollierbaren Emotionen begleitet. Durch diesen Schritt des Erkennens *("Weshalb ärgere ich mich eigentlich?")* wird etwas mehr Licht in ein sonst weitgehend von automatischen Emotionen beherrschtes Verhalten gebracht. Dadurch verändert sich der Blickwinkel: nicht mehr die Person im außen ist es, auf die man fokussiert ist, sondern der Blick geht nach innen. Dies ist quasi eine Umkehr. Dieser Schritt nach innen und zu sich selbst ermöglicht den Austritt aus der Negativitätsspirale. Der Ärger hat sich zu diesem Zeitpunkt zwar sicherlich nicht in Luft aufgelöst, aber er nimmt vielleicht ein bisschen ab.

Empathisches Verständnis aufbauen

Man kann unangenehmen Menschen gegenüber erst dann Verständnis aufbringen, wenn man einen Blick hinter die Fassade des Handelns wirft.

> „Wir können gemeinsam überlegen: Weshalb verhält sich die Kollegin wohl so, wie sie es tut?", frage ich Evelyn. Sie überlegt: „Wahrscheinlich, weil sie eine arme Person ist. Eigentlich tut sie mir ja leid. Wenn man es nötig hat, so aufzutreten, kann man ja nicht glücklich sein. Wahrscheinlich hat sie Probleme zuhause oder kämpft um irgendeine Anerkennung. Ich weiß es nicht."

Durch die Frage: „Weshalb verhält sich die negative Person so?" verändert sich der Blick ein weiteres Mal. Man schaut nicht mehr auf das vordergründige Verhalten, sondern auf die wahrscheinlichen Motive, die dahinter liegen. Mit wachsendem Verständnis schwinden dann vielleicht die eigene Negativität, der Groll und der Ärger über die andere

Person. Denn: Sobald wir mit dem Verstand etwas begreifen, kommen wir automatisch besser damit zurecht. Unerklärliche Verhaltensweisen und Phänomene haben dagegen etwas Unheimliches. Womöglich werden Sie niemals erfahren, ob Sie mit Ihren Erklärungen richtigliegen, aber das ist auch nicht entscheidend. Entscheidend ist, dass sie mit Ihrer Hypothese für mehr Klarheit sorgen.

> „Jetzt gehen wir einfach mal davon aus, dass diese Art des Auftretens die beste Option ist, die deine Kollegin für sich im Moment sieht. Wir selbst handeln ja auch immer möglichst optimal, um an unsere Ziele zu gelangen. Auch wenn Andere den Kopf über uns schütteln, weil sie uns nicht verstehen. Was meinst du: Welche unbefriedigten Bedürfnisse stecken wohl hinter dem Verhalten der negativen Person?" – „Warum soll ich jetzt Mitgefühl für die Kollegin aufbringen? Das verstehe ich nicht. Ich will nicht immer diejenige sein, die Verständnis aufbringen soll." – „Du unternimmst diese seelische Anstrengung nicht für sie, sondern für dich selbst. Wir sind dabei, für dich selbst einen Weg zu finden, mit dieser Negativität umzugehen, ohne dich selbst anzustecken. Wenn du eine plausible Erklärung für das Verhalten der negativen Kollegin gefunden hast, wirst du vielleicht eher in der Lage sein, mitzufühlen. Die Antwort auf die Frage, welche Bedürfnisse die Kollegin hat, wird vielleicht dazu führen, dass du nicht verhärtest." – „Keine Ahnung. Vielleicht will sie sich keine Blöße geben und überspielt deshalb ihre eigenen Fehler. Vielleicht fühlt sie sich ausgeschlossen und will dazugehören…"

2. Schritt: Change it!
Klare Positionierung

„Was bedeutet das jetzt für deinen Umgang mit der Kollegin?", frage ich Evelyn. „Ich überlege mir gerade, wie ich in Zukunft ihr gegenüber auftreten werde. Eines ist klar: Bislang ging mir immer die Hutschnur hoch, wie man so sagt. Ich bin sofort aus dem Raum gegangen, habe mich aufgeregt und anschließend mit Kollegen über sie gelästert. Das möchte ich so nicht mehr."

Bislang hat Evelyn immer gegen etwas gekämpft: gegen ihre Kollegin und gegen das, was sie in ihr auslöst. Dies wurde im Laufe der Zeit zu einem Reflex.

Ihr Spielraum und ihre Angelegenheit ist es, wie sie sich gegenüber ihrer Kollegin und ihren Gefühlen positioniert. Wir überlegen gemeinsam, wie sie mit dem, was ist umgehen kann.

- Eine Umgangsform mit der Situation besteht darin, dass Evelyn mit ihrem Fokus bei sich bleibt und im Kontakt mit ihrer Kollegin frägt: „Was ist mir wichtig? Wofür stehe ich? Was möchte ich?" Dadurch läuft sie weniger Gefahr, sich in die Angelegenheiten ihrer Kollegin zu verstricken. Menschen, die das Gegenteil unserer Werte leben, fordern uns heraus, unser Bewusstsein für das, wofür wir stehen, zu stärken.
- Wenn die Kollegin wieder ihre Negativität verbreitet und über jemanden herzieht, kann Evelyn sagen, dass sie das nicht interessiert und den Abstand suchen. „Vorausgesetzt, dass ich in der Situation dann den Mut aufbringe."
- Eine weitere – ganz andere – Option ist, den Rahmen zu ändern, um aus dem Kampf heraus zu gelangen. „Mir fällt gerade etwas ein. Sie sagte einmal, dass sie gerne Marmorkuchen mag. Ich könnte es ja

mal ganz anders versuchen und ihr nächste Woche einen mitbringen. Ich kann ihr ja sagen, dass ich an sie dachte und ihr eine Freude damit machen möchte." Wie die Kollegin darauf reagieren wird, bleibt offen. Aber es ist eine überraschende Aktion von Evelyn, die die bisherige Spirale durchbricht.

„Wenn sie Unwahrheiten über mich in Umlauf bringt, könnte ich sie konfrontieren und sie fragen, warum sie das macht und was sie damit bezweckt. Wenn ich den Mut habe..."

Es kann sein, dass diese sich äußerlich keinen Millimeter bewegt und ihr Verhalten nicht ändert. Vielleicht geschieht aber doch etwas, womit man nicht rechnen kann.

3. Schritt: Leave it!

„Diesen Schritt wähle ich oft. Wenn sie den Raum betritt, verlasse ich ihn, um mich nicht ihrer Negativität auszusetzen", meint Evelyn. „Aber ich erkenne schon, dass ich damit ein Signal sende, was dazu führen kann, dass sich die Situation nicht bessert. Das ist mein Anteil an der Sache. Daher ist es gut für mich zu wissen, dass ich gehen kann. Ich möchte aber versuchen, an dem Ganzen zu wachsen."

In den eigenen Angelegenheiten sein

Auslösendes Ereignis, Situation, Reiz	Übellaunige Kollegin, die schlechte Stimmung ausstrahlt, schlecht über andere redet, etc.
Bedeutung, Gedanke, Bewertung, Einschätzung von Evelyn	„Ich wünschte, es wäre anders, aber es ist, was es ist." „Ich ärgere mich über sie. Das zeigt mir etwas über mich." „Warum ärgere ich mich?" „Warum handelt sie wohl so?" „Was ist mir wichtig?" „Ich bleibe bei mir!" etc.
Gefühle	Zunehmende Empathie, Verbundenheit, Erleichterung, Selbstbestimmtheit, Akzeptanz etc.
Konsequenz: Verhalten	Empathisches Auftreten, Klarheit, Abgrenzung, Positive Formulierungen, Übernahme von Verantwortung für die eigenen Gefühle
In welcher Angelegenheit befindet sich Evelyn?	In der eigenen Angelegenheit

Die Chemotherapie

„Ich habe vor einigen Wochen eine schwere Diagnose bekommen", erzählt Gertrud. „Bei mir wurde ein Tumor diagnostiziert." – „Was löst diese Diagnose bei dir aus?", frage ich Gertrud. „Im ersten Moment hat es mich schwer getroffen. Ich bin gefühlt wie gegen eine Wand gelaufen. Was mir gut getan hat, war, dass die Ärztin mir eine gute Prognose in Aussicht gestellt hat. Diese Art von Tumor ist aller Voraussicht nach heilbar. Sie hat mir auch einen genauen Therapieplan vorgelegt. Sie sagte aber auch, dass kein Weg an einer Chemotherapie vorbeiführt." – „Wie bewertest du das?", frage ich Gertrud. „Ich muss sagen, dass ich sehr kritisch gegenüber der Chemotherapie eingestellt bin. Man weiß ja, dass die Chemotherapie auch viele Nebenwirkungen auslösen kann. Vor zwei Wochen ging sie los und seitdem spüre ich die körperliche Belastung deutlich."

Die drei Spielräume: Welche Gefühle füttere ich?

„Kannst du die Chemotherapie positiv bewerten?" – „Ehrlich gesagt sperrt sich etwas in mir gegen sie." – „Auf welche Art erhältst du die Chemo? In Form von Tabletten oder als Flüssigkeit?" – „Intravenös." – „Wenn du der Flüssigkeit intuitiv eine Farbe geben würdest: welche Farbe hat die Flüssigkeit in deiner Vorstellung?" – „Eine dunkle... Irgendwie ein dunkles Grau." – „Was löst diese Vorstellung aus, dass eine dunkle Flüssigkeit durch deine Adern fließt?" – „Puh! Es macht mir Angst." – „Was ist dein Wunsch?" – „Ich möchte eine positive Haltung gegenüber der Chemo finden, so dass ich mich innerlich nicht so dagegen sperre."

In drei Schritten zu mehr Gelassenheit

1. Schritt: Change it!

„Hast du schon versucht, etwas an der Situation zu ändern, damit du die Chemo besser verträgst?" – „Ich habe mich erkundigt, welche Möglichkeiten es gibt, bspw. mit Hilfe der Homöopathie, die Chemo zu unterstützen. Das mache ich auch. Aber das hilft mir nur zum Teil." – „Weshalb nur zum Teil?" – „Es federt die Nebenwirkungen ab. Aber die Chemo an sich fühlt sich trotzdem nicht gut an. Die dunkle Farbe bleibt."

2. Schritt: Love it

„Wir können gemeinsam schauen, ob es dir gelingen kann, eine Haltung zu finden, die es dir leichter macht. Du hast gesagt, dass die Flüssigkeit eine dunkle Farbe in deiner Vorstellung hat. Vielleicht hilft es dir eher, wenn du der Flüssigkeit in deiner Phantasie eine andere Farbe gibst. Gibt es eine Farbe, die dir gut tun würde?" Gertrud überlegt. „Eine helle auf jeden Fall. Vielleicht ein strahlendes Weiß." – „Was verbindest du mit strahlendem Weiß?" – „Positive Energie,... Licht,... Heilung,... Reinheit,..." – „Wenn du dir vorstellst, dass die Chemo in Form von weißem Licht durch deine Adern fließt und dich dabei unterstützt, den Krebs du bekämpfen: was löst das bei dir aus?" – „Hm... Ich fühle mich gestärkt. Positiver und optimistischer. Aber kann alleine die Vorstellung etwas bewirken? Das bilde ich mir doch nur ein." – „Fühlt es sich anders an, ob die Flüssigkeit dunkel ist oder hell?" – „Ja. Auf jeden Fall." – „Diese Gefühle sind schon Realität. Es macht einen großen Unterschied, ob du die Chemo als notwendiges Übel siehst oder als Verbündete. Wenn du all deine Kräfte dafür aufbringst, die Chemotherapie mental zu unterstützen, um dich gesund zu machen, dann lässt vielleicht auch dein innerer Widerstand nach und du kannst die Energie, die dadurch frei wird, nutzen, um das Positive und Lichtvolle in dir zu stärken. Sind wir deinem Wunsch, eine positivere Haltung gegenüber der Chemo zu finden näher gekommen?" – „In jedem Fall. Der Gedanke tut mir echt gut. Und es ist natürlich absolut plausibel, dass meine Vorstellungskraft einen Einfluss hat", resümiert Gertrud.

3. Schritt: Leave it!

„Die letzte Option heißt Leave it!" – „Was bedeutet das für dich?" – „Na gut. Ich könnte die Chemo abbrechen." – „Diese Freiheit hast du. Du wärst gewiss nicht die erste, die das macht." – „Diese Option hatte ich natürlich auch schon im Kopf durchgespielt. Bislang hatte ich Angst vor diesem Schritt, weil mir die Ärztin vehement davon abgeraten hat." – „Schenkt dir der Gedanke Weite, wenn du dir innerlich sagst: „Ich kann, wenn ich möchte, die Chemo beenden!" Und es geht nur darum, dass du dir die innere Freiheit gibst. Prüfe, ob der Gedanke dich innerlich aufatmen lässt. Egal, ob du es am Ende tust oder nicht." – „Der Gedanke öffnet etwas in mir, so dass ich mich nicht mehr eingeengt fühle. Aber im Moment glaube ich, dass mir die Vorstellung hilft, wie die Chemo mich dabei unterstützt, den Krebs zu bekämpfen."

Er macht seine Hausaufgaben nicht!

„Ich ärgere mich über meinen Sohn, weil er seine Hausaufgaben nicht macht." – „Wie alt ist dein Sohn?", frage ich Heike. „Vierzehn. Ich weiß, eigentlich sollte er imstande sein, seine Hausaufgaben selbständig zu machen. Aber er bekommt es einfach nicht auf die Reihe. Und das ärgert mich dann." – „Wie reagierst du, wenn du dich über ihn ärgerst?" – „Ich sage ihm beim Mittagessen, dass er seine Hausaufgaben gleich machen soll. Dann hat er den Rest des Tages frei und schiebt sie nicht vor sich her. Das ist doch praktisch. Macht er aber nicht. Er geht auf sein Zimmer und zockt. Dann klopfe ich und erinnere ihn daran. Meistens kommt dann nichts zurück von ihm. Und das Ende vom Lied ist, dass er sie erst spät nachts oder morgens noch kurz vor Schulbeginn macht oder manchmal auch gar nicht. Gestern war es wieder so, dass ich nur noch am Rumbrüllen war und in meiner Wut seine Tür hinter mir zugeschlagen habe."

Die drei Spielräume: Welche Gefühle füttere ich?

„Wessen Angelegenheit sind denn seine Hausaufgaben?", will ich weiter wissen. „Ich würde sagen seine und meine", meint Heike. „Weshalb deine?", frage ich verwundert. „Naja, schließlich bin ich seine Mutter und für ihn mitverantwortlich. Wenn er seine Hausaufgaben nicht macht, kommt er im Schulstoff nicht mehr hinterher, schreibt schlechte Noten und versaut sich am Ende seinen Schulabschluss. Es ist ja wohl verständlich, dass ich das nicht möchte." – „Absolut", meine ich ehrlich und frage weiter: „Vertraust du ihm?" – „Was seine Hausaufgaben anbelangt? Nicht wirklich, ehrlich gesagt. Du kennst ihn nicht. Ich kann ihm nicht vertrauen." – „Spürt er das?" – „Hm… Vielleicht?… Ich denke, letztlich spürt er es schon." – „Was löst dies wohl bei ihm aus?" – „Neulich meinte er: ‚Mama, immer dreht sich alles nur um dich!' Das hat mich schon sehr erstaunt, weil es mir doch um ihn geht." – „Es sind deine Vorstellungen und Ideale, deine Forderungen, es ist dein Misstrauen."

Es ist wunderbar, für andere (insbesondere die eigenen Kinder) da zu sein und diese unterstützen zu können. Aber es gibt auch eine Art von Unterstützung, die eher einer Dauereinmischung in die Angelegenheiten anderer entspricht. Dies ist vor allem dann der Fall, wenn es ungefragt geschieht. Dieses sich Einmischen und das damit verbundene gedankliche „außer-sich-Sein" führt in den meisten Fällen zu Verstrickungen und produziert Leid.

Viele von uns wurden so erzogen, dass sie glauben, man müsse sich ständig um andere kümmern und Verantwortung für andere tragen. Wir mischen uns oft in die Angelegenheiten anderer ein mit dem Argument, der andere wäre dazu nicht in der Lage, weiß nicht, was gut für ihn selbst ist. Anderen Menschen Dinge abzunehmen, die in ihren Verantwortungsbereich gehören, ist allerdings eine gute Methode, den anderen zu schwächen, ihn abhängig und sich selbst wichtig zu machen. Dadurch befinden wir uns gedanklich meistens in den Angelegenheiten anderer – so wie Heike. Wenn sie dies tut, kann sie nicht gleichzeitig bei sich sein und sich um ihre eigenen Angelegenheiten, kümmern.

> Ich hake dennoch weiter nach. „Nochmals die Frage: Wer hat die Hausaufgaben auf?" – „Na Tobi." – „Und wessen Angelegenheit ist es, sie zu machen?" – „Tobi's Angelegenheit." – „Wer ist verantwortlich, ob und wie er sie macht?" – „Ich fühle mich mitverantwortlich. Schließlich bin ich seine Mutter. Und wenn er sie nicht macht, denkt der Lehrer, dass es mir egal ist." – „Du fühlst dich mitverantwortlich und befürchtest Konsequenzen, die dich betreffen. Aber hat denn deine Bemühung irgendeine konstruktive Auswirkung? Erreichst du mit deinem Nachdruck etwas?" – „Ehrlich gesagt: Nein. Im Gegenteil. Er wird immer bockiger." – „Welche Gefühle kommen in dir hoch, wenn du denkst, er sollte seine Hausaufgaben machen und er tut es nicht?" – „Ich ärgere mich maßlos über ihn und werde wütend. Gleichzeitig fühle ich mich nicht ernst genommen und ein Stück weit auch hilflos. Was soll ich denn noch tun, damit er einsieht, dass es wichtig ist, die Hausaufgaben zu machen?" – „Du forderst von ihm, dass er seine Hausaufgaben macht. Und weil er deiner Forderung nicht nachkommt, fühlst du dich ohnmächtig und wirst wütend.?" – „So ist es."

Es handelt sich mittlerweile um einen Machtkampf. Sobald Heike sich durchsetzt und sich dadurch nicht mehr ohnmächtig fühlt, ist es wohl Tobi, der das Gefühl von Ohnmacht und Wut spürt.

„Wird die Wahrscheinlichkeit größer, dass er nachgibt und einsieht, dass du Recht hast?" – „Nein. Im Gegenteil. Wenn ich sage, er soll seine Hausaufgaben machen, schreit er auch schon einmal los ‚Lass mich in Ruhe!', rennt auf sein Zimmer und knallt die Türe zu." – „Du kennst also den Ablauf schon ziemlich gut?" – „Ja, das passiert ja auch oft genug." – „Die Tatsache, dass der Frust bei dir zunimmt ist ein deutliches Indiz dafür, dass Tobi den Eindruck hat, dass du ihn bevormundest. Das will er nicht und deshalb geht er in Widerstand. Was er dir signalisiert ist: Es ist meine Angelegenheit, wann und ob ich meine Hausaufgaben mache. Es handelt sich um ein physikalisches Gesetz: Druck erzeugt Gegendruck. Je mehr Druck du aufbaust, desto mehr Widerstand erzeugst du bei Tobi. Wenn du es dir und ihm leichter machen möchtest, dann ist es wichtig, einen Weg zu finden, den du mit ihm gehen kannst, statt gegen seinen Willen zu arbeiten."

Der Tempel der tausend Spiegel

Es gab in Indien den Tempel der tausend Spiegel. Er lag hoch oben auf einem Berg und sein Anblick war gewaltig. Eines Tages kam ein Hund und erklomm den Berg. Er stieg die Stufen des Tempels hinauf und betrat den Tempel der tausend Spiegel.

Als er in den Saal der tausend Spiegel kam, sah er tausend Hunde. Er bekam Angst, sträubte das Nackenfell, klemmte den Schwanz zwischen die Beine, knurrte furchtbar und fletschte die Zähne. Und tausend Hunde sträubten das Nackenfell, klemmten die Schwänze zwischen die Beine, knurrten furchtbar und fletschten die Zähne.

Voller Panik rannte der Hund aus dem Tempel und glaubte von nun an, dass die ganze Welt aus knurrenden, gefährlichen und bedrohlichen Hunden bestehe. Einige Zeit später kam ein anderer Hund, der den Berg

erklomm. Auch er stieg die Stufen hinauf und betrat den Tempel der tausend Spiegel. Als er in den Saal mit den tausend Spiegeln kam, sah auch er tausend andere Hunde. Er aber freute sich. Er wedelte mit dem Schwanz, sprang fröhlich hin und her und forderte die Hunde zum Spielen auf. Dieser Hund verließ den Tempel mit der Überzeugung, dass die ganze Welt aus netten, freundlichen Hunden bestehe, die ihm wohl gesonnen sind.
(Quelle unbekannt)

In drei Schritten zu mehr Gelassenheit

> **Ich finde es nicht gut. Aber es ist deine Angelegenheit.**

Letztlich geht es nur noch um einen Machtkampf, der daraus resultiert, dass beide Forderungen an den anderen haben. Diese Dynamik, von der Heike im Seminar erzählt, ist typisch für Situationen, in denen wir uns ungefragt in fremden Angelegenheiten befinden – auch wenn es unsere pubertierenden Kinder sind. Wenn wir jetzt darauf warten, dass das Gegenüber (also Tobi) sein Verhalten ändert, dann warten wir unter Umständen lange. Sehr lange... Um aus sogenannten „Teufelskreisen" auszusteigen, in denen mindestens eine Person leidet, lautet die Frage: Wie kann ich mein Verhalten ändern, damit sich etwas zum Guten ändert?

1. Schritt: Change it!

„Und wie kann ich nun mit meinem Sohn umgehen?", fragt Heike. „Die Frage ist, was macht es dir leichter?", frage ich sie direkt. Heike überlegt. „Wenn er tut, was ich sage. Aber ich verstehe schon, dass dies nicht der Weg ist." – „Genau. An dieser Front kämpfst du ja schon eine geraume Zeit lang und merkst deutlich, wohin das führt. Hast du noch eine Idee, was es dir leichter machen könnte?" – „Keine Ahnung. Wenn ich ihn nicht mehr darauf hinweise, dann signalisiere ich ihm ja, dass er mir egal ist. Und das will ich ihm auch nicht signalisieren." – „Das muss ja auch nicht sein. Es ist ein Unterschied, ob du ihn (erstens) bevormundest oder ob du (zweitens) Interesse an ihm hast oder ob er dir (drittens) egal ist. Das sind drei verschiedene Dinge. Aber im Falle der Bevormundung wird die Wahrscheinlichkeit, dass zwischen euch beiden ein Wir-Gefühl entsteht im Laufe der Zeit immer geringer. Die Kluft wird größer." – „Aber ich will doch nur das Beste für ihn. Würde er das kapieren, dann hätten wir Frieden." – „Es bringt nichts, dass du dich im Recht siehst, solange er es anders sieht. Du kennst die Früchte eures Kampfes. Es geht immer mehr um die Machtfrage." – „Wenn ich versuche, in meinen Angelegenheiten zu bleiben, was heißt das dann? Heißt dies, dass er seine Hausaufgaben macht, wann und wie er will, oder?" – „Zunächst heißt dies, dass du ihn ernst nimmst und in eine Haltung des Vertrauens kommst und ihm zutraust, Verantwortung für sich zu übernehmen. Das heißt, er ist verantwortlich für seine Hausaufgaben. Du musst ihm vertrauen. Sonst wirst du ihn immer kontrollieren." – „Ok. Ich habe eine Idee. Das nächste Mal werde ich sagen, dass er seine Hausaufgaben machen kann, wie er es für richtig hält. Es ist seine Angelegenheit. Und dann?"

Wir überlegen gemeinsam die folgenden Optionen:
- Wenn er Hilfe braucht, kann Heike sie ihm anbieten.
- Sie kann ihm auch sagen, was sie für richtig hält – aber nicht im Sinne einer Forderung an ihn.
- Und sie kann ihm sagen, wie es ihr geht und dass sie sich ärgert.
- Vielleicht ist ihr Blick auf ihn auch einseitig kritisch geworden und sie versucht, Eigenschaften an ihm zu entdecken, die ihr Vertrauen in ihn wieder stärken.
- „All das liegt in deinem Spielraum und ist deine Angelegenheit."

Wenn es Heike gelingt, in ihren eigenen Angelegenheiten zu bleiben und die Verantwortung für ihre Gefühle zu übernehmen, dann ermöglicht sie Tobi automatisch, aus seinem Zustand herauszukommen. Der eingespielte Kreislauf aus wachsender Kritik und zunehmendem Trotz wäre durchbrochen. Dazu braucht sie Vertrauen in ihn und die Fähigkeit, loszulassen.

Es ist natürlich alles andere als einfach für Heike, cool zu bleiben, wenn Tobi die Hausaufgaben nicht richtig macht. Worum es geht ist, dass sie sich dessen bewusst wird, welches „Spiel" im Moment abläuft. Wenn man ein Verständnis für die Dynamik entwickelt, dann handelt man weniger unbewusst und kann einordnen, weshalb man leidet. Zu wissen, weshalb man leidet ist ein entscheidender Schritt zur inneren Freiheit! Wenn wir leiden, dann sind unsere Gefühle ein guter Kompass für die Frage: Wo befinde ich mich gerade? In meinem Spielraum? Dann wird es leichter und man fühlt sich verbunden mit dem Leben und dem Anderen. Oder befinde ich mich in fremden Angelegenheiten? Dann wird es schwer und man fühlt sich unverstanden und isoliert. Alleine die Erkenntnis dessen führt vielleicht zu mehr innerer Freiheit und hilft, ein besseres Gespür für sich selbst zu bekommen.

2. Schritt: Love it!

Einige Zeit später frage ich Heike: „Und, wie geht es dir im Umgang mit Tobi?" Sie gibt lachend zur Antwort: „Beim ersten Mal, als ich ihm gesagt habe, dass es seine Angelegenheit ist, wann er seine Hausaufgaben macht, hat er mich gefragt: ‚Mama, hast du etwas geraucht?' Mein Mann hat gerade Zeitung gelesen und ungläubig aufgeschaut. Das war ein richtig gutes Gefühl. Es gelingt mir seitdem allerdings nicht immer, bei mir zu bleiben und mir innerlich zu sagen: ‚Lass es. Es sind seine Hausaufgaben. Es ist seine

Angelegenheit.' Es kommt auch weiterhin vor, dass ich explodiere und mich über sein Verhalten aufrege. Dann weiß ich zwar, dass es letztlich uns beiden nicht gut tut, aber ich kann in diesen Situationen nicht aus meiner Haut." – „Das ist doch absolut realistisch", bestätige ich ihre Erfahrung. „So ist das Leben. Muster, die wir über Jahre eingeübt haben, ändern sich nur manchmal auf Knopfdruck. Meistens braucht es Ausdauer, Geduld und Demut. Auch wir Eltern sind nicht vollkommen! Entscheidend ist, dass du dir dessen bewusst bist und mit dir selbst sanft umgehst. Dann kannst du ihm gegenüber vielleicht auch eingestehen, dass du einen Umgang mit der Situation auch erst lernen musst. Wenn du in diesem Moment erkennst, was geschieht, so ist das ein wesentlicher Unterschied zu früher, als du keine Alternative zur Verfügung hattest."

3. Schritt: Leave it!

„Was bedeutet für dich Leave it! In der Situation?", frage ich Heike. „Manchmal denke ich, dass ich mich viel zu sehr auf Tobis Hausaufgaben konzentriere. Dann wird es mir selbst zu viel und ich würde gerne das ganze Thema vergessen."

Leave it! – im Sinne von: ich konzentriere mich auf andere Dinge. Dadurch wird das Thema weniger Raum einnehmen und an Bedeutung verlieren. Es ist die dritte Option für Heike, vorausgesetzt, dass es ihr Erleichterung verschafft und den Leidensdruck nimmt.

Der 12-jährige Jesus im Tempel:
„Kind, wie konntest du uns das antun?"

Die Eltern Jesu gingen jedes Jahr zum Paschafest nach Jerusalem. Als er zwölf Jahre alt geworden war, zogen sie wieder hinauf, wie es dem Festbrauch entsprach. Nachdem die Festtage zu Ende waren, machten sie sich auf den Heimweg. Der Knabe Jesus aber blieb in Jerusalem, ohne dass seine Eltern es merkten. Sie meinten, er sei in der Pilgergruppe, und reisten eine Tagesstrecke weit; dann suchten sie ihn bei den Verwandten und Bekannten. Als sie ihn nicht fanden, kehrten sie nach Jerusalem zurück und suchten nach ihm. Da geschah es, nach drei Tagen fanden sie ihn im Tempel; er saß mitten unter den Lehrern, hörte ihnen zu und stellte Fragen. Alle, die ihn hörten, waren erstaunt über sein Verständnis und über seine Antworten. Als seine Eltern ihn sahen, waren sie voll Staunen und seine Mutter sagte zu ihm: Kind, warum hast du uns das angetan? Siehe, dein Vater und ich haben dich mit Schmerzen gesucht. Da sagte er zu ihnen: Warum habt ihr mich gesucht? Wusstet ihr nicht, dass ich in dem sein muss, was meinem Vater gehört? Doch sie verstanden das Wort nicht, das er zu ihnen gesagt hatte.
(Lk 2,41–50)

Wenn Sie sich das nächste Mal aufregen über Ihr pubertierendes „Kind", dann kann der Blick auf den pubertierenden Jesus helfen. Auch seine Eltern machten sich große Sorgen, weil sie nicht nachvollziehen konnten, was er tat. Aber letztlich ist aus ihm ja etwas „Gescheites" geworden – könnte man sagen. Das Alter von 12 Jahren gilt im Judentum als die Zeit, in der die Kindheit beendet ist und der Einstieg ins Erwachsenenleben beginnt. Wenn Jesus betont, dass er in dem sein muss, was „seines Vaters" ist, dann bringt er damit zum Ausdruck, dass der Einfluss seiner Eltern abnimmt und andere Autoritäten neben ihnen für ihn an Bedeutung gewinnen. Jesu Eltern müssen darauf vertrauen, dass sie ihm alles mit auf den Weg gegeben haben, was er benötigt, um sein Leben führen zu können – auch wenn sie einmal nicht einverstanden sind mit dem, was der Sohnemann alles ausprobiert.

Frage: Und täglich grüßt das Murmeltier... Kommt Ihnen eine Beziehungskonstellation in den Sinn, die eingefahren ist? Wiederholt sich das „Spiel", wodurch das Gefühl entsteht, dass Sie sich im Kreis drehen?

Selbstläufer

Zu guter Letzt – es wirkt!

Vor einigen Wochen begleitete ich ein Gremium bei seiner jährlichen Klausurtagung als Moderator. Recht früh fiel mir auf, dass ein Teilnehmer sehr unruhig war: Er rutschte auf seinem Stuhl hin und her, trommelte mit den Fingern auf die Stuhllehne, fiel mir und anderen auch schon einmal ins Wort.

In der Pause sprach ich ihn an und fragte ihn: „Sind sie ungeduldig?" Er antwortete: „Nein. Ich bin nicht ungeduldig. Ich bin unzufrieden." Ich fragte ihn, was ihn denn unzufrieden mache. Darauf gab er zur Antwort: „Ich bin selbst als Moderator tätig. Und ich weiß, wie man das macht. Ich finde, Sie machen das recht schlecht. Wie können Sie an der Stelle vorher solch eine Frage stellen?" Und dann legte er los und listete all das auf, was ich aus seiner Sicht falsch gemacht hatte. Anschließend gab er mir noch Tipps, wie ich aus seiner Sicht den Prozess gestalten solle und welche Fragen jetzt angebracht wären. Als er seine „Rückmeldung", die einige Minuten dauerte, beendet hatte, machte er auf dem Absatz kehrt und ließ mich stehen. Es blieben mir noch etwas weniger als 5 Minuten bis zum Ende der Pause. Diese Zeit verblieb mir, um mich zu sortieren.

Was er nicht wusste: Er hatte einen ganz wunden Punkt in mir getroffen. Ich sage es einmal so: Früher hätte mir das Ganze den Boden unter den Füßen weggezogen. Da ich in meiner Arbeit eher von der Intuition geleitet bin, tue ich mich immer etwas schwer mit Kolleginnen und Kollegen, die betont „professionell", sehr rational und schulmäßig herangehen. Das löst in mir oft den Gedanken aus: „Ich mache das falsch. Die können das viel besser wie ich." Durch das Feedback dieses Kollegen wurde dieser Knopf in mir natürlich wieder gedrückt, und die alten Stimmen tauchten auf. Aber diesmal war etwas anders... radikal anders! Als mich der Teilnehmer nach seinem Feedback stehen ließ, sortierte ich mich innerlich. Was ist jetzt „Meins" und was ist „Seins"? Ich schob die einzelnen Gedanken in mir in die jeweilige Ecke:

Seine Angelegenheit	Meine Angelegenheit
Seine Gefühle: Seine Unzufriedenheit, sein Ärger	Mein wunder Punkt und meine Gefühle
Seine inneren Antreiber und Ansprüche: Sei perfekt! Beeile dich!	Meine inneren Antreiber: Sei Perfekt! Mach es allen recht!
Seine Art, Feedback zu geben	Meine Art der Umsetzung
Seine Selbstüberzeugung	Was ich von seinem Feedback annehme
Sein Auftreten und Verhalten	Was ich nicht annehme und ihm wieder zurückgebe
Sein Bild von mir	Wie ich jetzt weitermache

Diese innere Sortierung half mir, bei mir zu bleiben und danach zu schauen, wie ich jetzt die nächsten Schritte mit der Gruppe angehen werde. Und so tat ich es dann auch. Für ein oder zwei Hinweise war ich ihm dankbar, die habe ich auch übernommen. Den Rest ließ ich fallen.

Es ging weiter und ich stellte fest, dass seine Unzufriedenheit im Laufe der Zeit noch weiter zunahm. Konkret zeigte sich dies darin, dass er mich unterbrach und Sätze losließ wie: „Sie müssen aber auch noch fragen, ob..."

Natürlich hätte ich in den Kampf ziehen können. Vielleicht wäre es auch richtig gewesen, ihn vor der Gruppe zu stellen. Aber in diesem Moment ist etwas sehr viel Wesentlicheres in mir geschehen: Ich hatte das Bild meiner inneren Bühne vor mir und jedes Mal, wenn ich aus den Augenwinkeln beobachten konnte, dass er wieder unruhig hin und her rutschte oder wenn er wieder einen Satz los ließ, dann trat auf meiner inneren Bühne (siehe Kapitel „Das innere Team") der Antreiber auf: „Du machst es nicht gut! Sei besser! Strenge dich an! Zeig ihm, dass du es kannst. Beweise dich!" An dieser Stelle begann ich bislang immer zu leiden und mich mies zu fühlen. Neu war diesmal, dass da noch eine andere, wirkmächtige Stimme in mir war: die innere Stimme des liebevollen Erwachsenen. Dieser hielt dagegen: „Worum kämpfst du? Muss es wirklich perfekt sein? Bleib locker. Nimm's leicht! Lass ihm Seines und bleibe bei dir."

Diese Stimme ließ den Angriff nicht nur ins Leere laufen, sondern transformierte ihn: Ich blieb bei mir; ich blieb innerlich locker und frei und spürte, wie ich innerlich – oder auch mein „inneres Kind – aufatmen konnte, so dass ich klar und humorvoll blieb.

Ich spürte am eigenen Leib: Ich habe einen Spielraum! Ich bin kein Opfer, sondern Gestalter.

Und so ging die Klausur zu Ende und ich hatte für mich eine wesentliche Erkenntnis gewonnen: Dieser Teilnehmer übertrug unbewusst seinen inneren Ansprüche auf mich und auch auf die Gruppe, weil er sich an diesem Tag dessen nicht bewusst war. Dies setzte auch die Gruppe unter Druck. So wurde ich zu einem wichtigen Anwalt der Gruppe, weil ich seine Angriffe neutralisierte, indem ich mich nicht unter Druck setzen ließ. Dies zeigte sich am Ende der Klausur in Form des langen Applauses für meine „aufgeräumte und innerlich sortierte Art trotz der Emotionen, die spürbar waren", wie es der Gremienvorstand am Ende resümierend konstatierte.

Zu Hause angekommen ich habe ich erstmal eine Flasche Sekt geköpft, um mit meiner Frau anzustoßen auf das, was in mir geschehen war. In mir bleibt ein tiefes Gefühl von Zufriedenheit zurück und die Freude darüber, dass die Theorie quasi „Fleisch" geworden ist. Ich spürte am eigenen Leib meinen Spielraum.

Quellen

Seite 14: Schloegl, Irmgard, The Wisdom of the Zen Masters, New York (New Direction Books) 1976.

Seite 22 bis 26 u.a.: Madsen, Tanja, Mentales Stressmanagement. Yoga für den Verstand – mit The Work von Byron Katie, Paderborn (Junfermann) 2012.

Seite 25: Boerner, Moritz, Byron Katies The Work: Der einfache Weg zum befreiten Leben, München (Goldmann) 1999.

Seite 41: Frankl, Viktor E., …trotzdem Ja zum Leben sagen: Ein Psychologe erlebt das Konzentrationslager, München (dtv) 1982.

Seite 79ff: Schulz von Thun, Friedemann, Miteinader reden (Bd. 3), Das „Innere Team" und situationsgerechte Kommunikation, Reinbek (Rowohlt) 2013.

Seite 82: Steward, Ian – Joines, Vann, Die Transaktionsanalyse, Freiburg i.Br. (Herder) 2000.

Seite 93f: Jung, Carl Gustav, Gesammelte Werke (Bd. 7), Olten/Freiburg i.Br. (Walter-Verlag) 1968-1981.

Seite 116ff: Kunz, Wolfgang, Aufbruch – von wo, wohin, wozu? Exodus als Symbol für den Aufbruch, CD, Institut für Logotherapie und Existenzanalyse, Tübingen/Wien.

Bei einigen Texten war es trotz gründlicher Recherchen nicht möglich, die Rechteinhaber der Texte ausfindig zu machen. Honoraransprüche bleiben im üblichen Rahmen bestehen.

Danke!

Mein erster Dank gilt Beate-Maria Link vom Katholischen Sonntagsblatt für die Diözese Rottenburg-Stuttgart, die mich ermutigte, kleine Artikel für das Sonntagsblatt und später dann auch eine Reihe zum Thema Resilienz zu schreiben. Dies waren meine ersten Schritte als Autor!

Mein Dank gilt auch den beiden Ansprechpartnerinnen vom Verlag Katholisches Bibelwerk: Frau Schilling, ebenso wie Frau Barczyk, der Lektorin. Danke für das Zutrauen, für die inspirierenden Gedanken und ihre Begeisterung für das Projekt. Danke für den Rückenwind, den Sie mir gegeben haben!

Natürlich habe ich mich auch bei anderen vergewissert, dass das, was ich schreibe lesenswert ist. Für die Bestätigung, aber auch für die ehrliche, offene und konstruktive Kritik gilt mein Dank Frau Kleinbeck, meiner Schwester Claudia, meiner „Sängerin" Waltraud und Sepp, meinem langjährigen und guten „Wanderfreund" und manch Anderen, die ich nicht alle namentlich aufzählen kann.

Dank an meinen geistlichen Begleiter Roland sowie meiner Kollegin und Freundin Uli. Diese beiden haben mir zu den wesentlichen Erkenntnissen über mich und das Leben verholfen.

Mein Dank gilt in besonderem Maße auch Ute, meiner Frau. Sie hat mir in den vergangenen Wochen den Rücken freigehalten, mich konstruktiv kritisiert und mir inhaltliche Impulse gegeben.

Nicht zuletzt gilt mein Dank den Seminarteilnehmern für ihren Mut, das auszusprechen, was nun in den einzelnen Kapiteln zu lesen war. Und am Ende kann ich aus vollem Herzen sagen: Gott sei Dank!

Autor

Andreas Rieck, Dipl.-Theologe, NLP-Master, geb. 1976, arbeitet als Bildungsreferent für Spiritualität im Marienhospital in Stuttgart. Daneben ist er seit über zehn Jahren freiberuflich tätig als Coach und Referent für die persönliche Resilienzförderung. Aus seinen vielen Praxisseminaren heraus hat er das einfache und effiziente Modell „Werde Spielraumgestalter – in drei Schritten!" entwickelt, das er nun in verschiedenen Kontexten anwendet.

www.andreas-rieck.de